Heinz Ryborz

Wenn ein Dreieck Tango tanzt

Heinz Ryborz

Wenn ein Dreieck Tango tanzt

Von der Vision zum Erfolg

mvg verlag

Die Deutsche Bibliothek – CIP-Einheitsaufnahme

Ryborz, Heinz:
Wenn ein Dreieck Tango tanzt ... : von der Vision zum Erfolg / Heinz Ryborz. – München ; Landsberg am Lech : mvg-verl., 1995
ISBN 3-478-71350-1

Das Papier dieses Buches wird möglichst umweltschonend hergestellt und ist chlorfrei gebleicht.

Umschlaggestaltung: Gruber & König, Augsburg
Satz: Fotosatz H. Buck, 84036 Kumhausen
Druck- und Bindearbeiten: Ebner Ulm
Printed in Germany 071 350/295302
ISBN 3-478-71350-1

Inhalt

Die Vision – der Leitstern des Unternehmens

Was ist eine Vision?

Visionen haben die Wirklichkeit geschaffen, in der wir leben. Wo wären wir heute ohne den Traum eines Thomas A. Edison, die Nacht mit künstlichem Licht zu erhellen? Und wie sähe unsere Wirklichkeit aus, wenn es nicht zum Beispiel die Vision gegeben hätte, statt mit langsamen Pferdefuhrwerken mit motorgetriebenen Maschinen zu reisen? Unsere Welt ist die Summe der Visionen der Menschen, die vor uns gelebt haben.

Visionen sind Bilder einer zukünftigen Wirklichkeit, ohne dabei Spinnereien oder Luftschlösser zu sein. Die Vision sieht die Welt als nicht endgültig an, sondern als Zwischenstufe in der Entwicklung auf die Vision hin. Wie lange diese Entwicklung dauert, ist nicht mit absoluter Sicherheit vorhersehbar, ebenso wie nicht gesagt werden kann, in welche Dimensionen sich die Vision entwickelt. Visionen sind selten berechenbar, man kann sie nicht erzwingen. Doch man kann ihre Entwicklung fördern. Man kann die Rahmenbedingungen abstecken, in der sich eine Vision bewegt, und man kann gezielt nach Chancen suchen, die der Vision als praktischer Nährboden dienen. Wie das geht, sollen Sie in diesem Buch noch erfahren.

Eine Vision ist für das Unternehmen lebensnotwendig

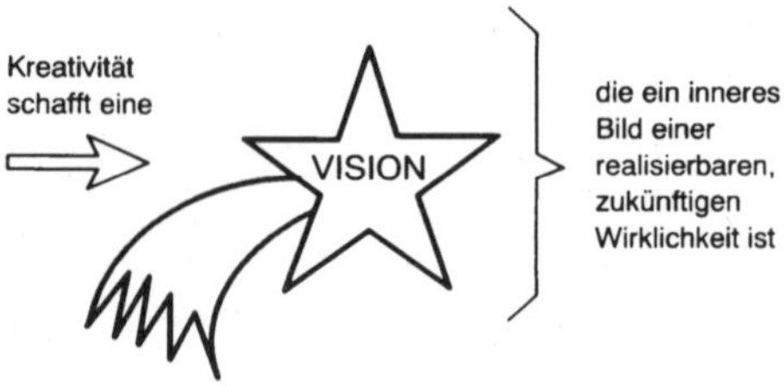

Abb. 1

Visionen sind durch kreative Höchstleistungen geschaffene neue Bilder einer realisierbaren zukünftigen Wirklichkeit (siehe hierzu auch *Abbildung 1*).

Die Vision schafft eine neue Wirklichkeit mit Kreativität, dabei benutzt sie alle zur Verfügung stehenden Mittel der Wirtschaft und der Technik. Der Visionär denkt Neues und verwirklicht es mit Hilfe der Innovationen.

Wie sehen nun visionäre Unternehmen aus? Welche Mittel nutzen Sie, um Ihre Visionen am Markt umzusetzen? Welche Mittel stehen Ihnen dazu zur Verfügung? Auch auf diese Fragen werden Sie in diesem Buch Antwort finden.

Viele Menschen setzen visionäres Handeln im Unternehmen mit Trendmarketing gleich. Doch es besteht ein großer Unterschied zwischen beiden. Trendmarketing versucht, die zukünftige Entwicklung zu erkennen. Welche Entwicklung letztendlich den Sieg davonträgt, kann das Trendmarketing nur ahnen, aber nicht bestimmen.

Ein starker Visionär will nicht der Diener von Trends sein, er will selbst Trends schaffen. Deshalb sind Visionäre nicht passiv, sondern aktiv.

Welche Charakteristika eine Vision ganz allgemein hat, können Sie in *Abbildung 2* sehen. *Abbildung 3* zeigt dagegen, was eine Vision zum Inhalt hat.

Natürlich unterscheidet sich jede Vision von der anderen, und je nachdem, ob in einem Unternehmen starke oder nur schwache visionäre Kräfte wirken, wird es sich auch in seiner Innovationsfähigkeit entsprechend verhalten. Die Unterschiede ersehen Sie aus *Abbildung 4*.

Charakteristika der Vision

Die

Vision

ist

neu

einmalig

nicht kopierbar

ein positives Vorstellungsbild

Glaube an ihre Erfüllung

die Entdeckung eines Problems, dessen Lösung Nutzen schafft

die Grundlage für ein neues Bewußtsein, sie schafft einen neuen Lebensstil und Fortschritt

ein Auslöser für Unzufriedenheit mit dem bequemen Status quo

Katalysator für den Aufbruch zu neuen Ufern

benötigt

Intuition und Phantasie

langfristiges Denken

die Realisierung durch die Innovation

die Annahme durch den Markt

Abb. 2

Die Vision hat zum Inhalt

- den Nutzen, den sie schaffen will,
- eine Aussage zu den in Zukunft vordringlich angestrebten Geschäften;
- die für die Veränderung notwendigen Fähigkeiten,
- das Anspruchsniveau bezüglich der Bezugsgruppen,
- das Anspruchsniveau bezüglich Qualität, Service, etc.,
- das Anspruchsniveau bezüglich der finanziellen Ergebnisse.

Abb. 3

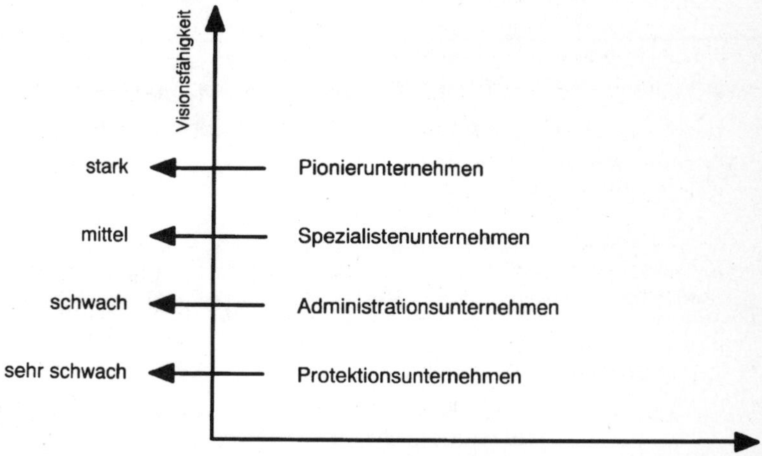

Abb. 4: Visionsfähigkeit bei verschiedenen Unternehmensformen

Das Schaffen eines neuen Zukunftsbildes darf keine reine kontemplative Vorschau sein, sondern es müssen Szenarien erarbeitet werden, um die kommerzielle Absicht, die hinter der Vision steckt, auch durchzusetzen. Denn ohne die Umsetzung auf dem Markt ist die Vision in einem Unternehmen nicht das Papier wert, auf der sie steht. Die praktische Verwirklichung von Visionen geschieht meist durch Innovationen, etwa auf technischem Gebiet oder aber mit einem Produkt. Visionen beschreiben nur das Ziel – Innovationen zeigen den Weg dorthin. Sehen Sie sich hierzu *Abbildung 5* an.

Innovationen sind gleichsam materialisierte Kreativität. Wie Sie Ihre Kreativität voll ausnutzen, um Chancen wahrzunehmen und Innovationen zu verwirklichen, werden Sie in diesem Buch noch erfahren.

Wirtschaftliche Innovationen können Produkte, Serviceleistungen, technische Prozesse, Organisationsformen und ähnliches sein. Je größer der Neuerungsgrad und die Originalität einer Vision, desto größer ist häufig der Innovationsbedarf. So kann es durchaus vorkommen, daß aufgrund einer Vision erst das technische Know-how entwickelt werden muß, um sie umzusetzen. Ebenso kann es vorkommen, daß eine Innovation eine solche Eigendynamik entwickelt, daß daraus das Gedankengebäude einer Vision entsteht, die weit über die ursprüngliche Innovation hinausgeht. *Abbildung 6* skizziert Abstufungen in der Qualität einer Innovation, die schließlich in einer Vision endet.

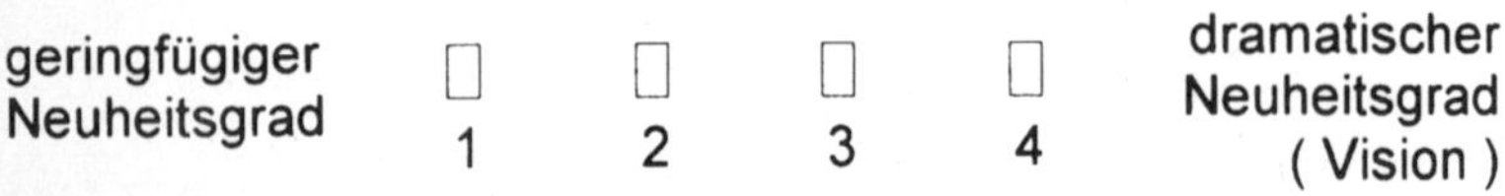

Abb. 6: Abstufung der Innovation

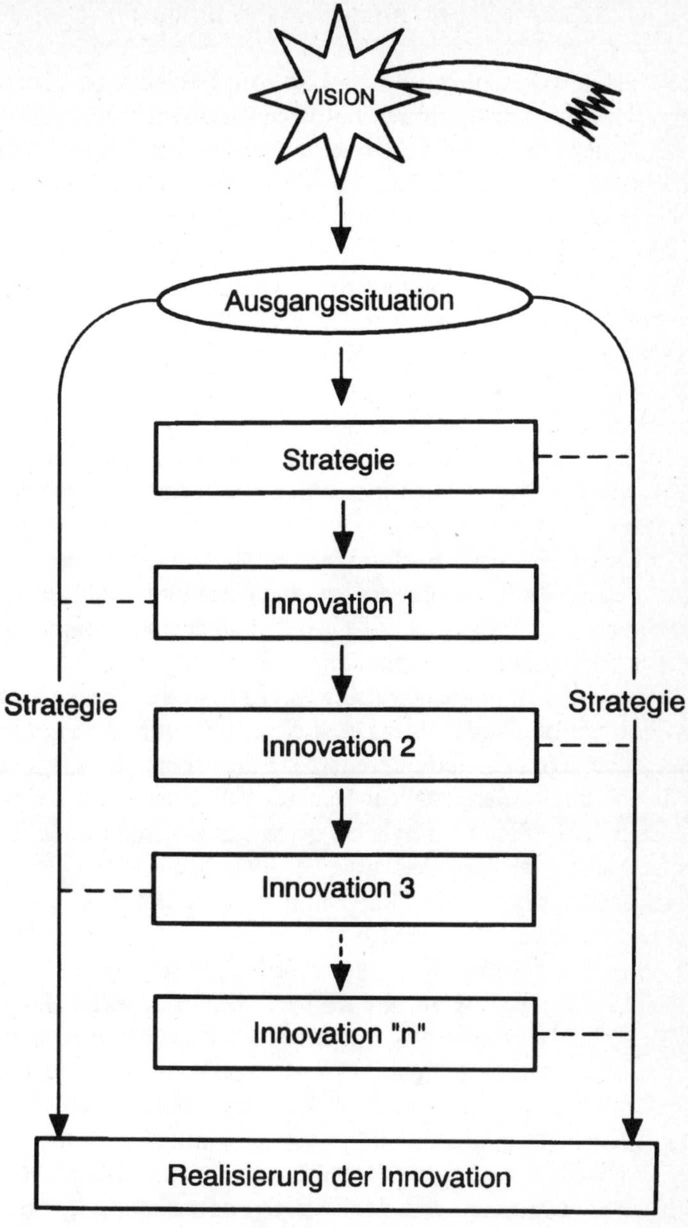

Abb. 5: Von der Vision zur Realisierung der Innovation

Für die Vision von Herbert Bryer und Robert Swansen, die beiden Gründer des amerikanischen Biotech-Pioniers Genentech, waren die rasant fortschreitenden Erkenntnisse auf dem Gebiet der Gentechnologie die Grundlage ihrer Vision. Diese Erkenntnisse waren 1976 noch höchstens grob in ihren Anwendungsmöglichkeiten abzuschätzen. Bryers und Swansons Vision lautete: ,,Wir erwarten von uns, als erste Firma die r-DNS-Technologie zu kommerzialisieren, und wir wollen ein großes profitables Unternehmen aufbauen, das dringend benötigte Produkte zum Nutzen der Menschheit herstellt und vermarktet.''

Diese Aussage enthält keinerlei Aussagen von Umsatz- oder Gewinnzahlen. Die beiden Gründer waren von der Idee durchdrungen, mit völlig neuen Medikamenten bislang unheilbare Krankheiten zu besiegen. ,,Ein großes Ziel'', werden Sie sagen, und genau das ist es, was eine Vision von einer bloßen Strategie unterscheidet. Eine Vision ist wie ein Leitstern, die Mitarbeiter zu Höchstleistungen motiviert und neue hochmotivierte Mitarbeiter anzieht.

Eine solche Vision legt die Prioritäten eines Unternehmens fest und schafft die erforderliche Klarheit. Sie ist der Angelpunkt, der ineffiziente Kurssprünge verhindert.

Vision, Innovation und Strategie folgen häufig auch in direkter Konsequenz aufeinander. Dazu ein Beispiel: T. Ohno, ein Spitzenmanager bei Toyota, hatte bereits 1952 die Vision, kleine Serien im Automobilbau herzustellen. Damals war ein solcher Gedanke undenkbar, da alles auf möglichst hohe Stückzahlen und geringe Produktionskosten ausgelegt war.

Doch Ohno erkannte die Notwendigkeit, manche Automobiltypen auch in kleinen Stückzahlen zu fabrizieren. Toyota benötigte zehn Jahre, bis diese Vision Realität wurde. Für die Verwirklichung der Vision war das Just-in-time-Konzept die für das Ziel notwendige Strategie. Um die Strategie zu verwirklichen, waren wiederum Innovationen erforderlich, wie zum Beispiel dezentrale Planung, Reduzierung der Losgrößen, enger Kontakt mit den Lieferanten, große Ansprüche an die Qualitätskontrolle, multifunktionale Arbeitsgruppen, um nur einige Beispiele zu nennen. Diese Innovationen ließen wiederum eine neue Strategie entstehen, die Strategie des Zeitmanagements.

Der Unterschied zwischen einer Vision und einer Innovation besteht also darin, daß die Vision ein Problem erkennt, das noch niemand gesehen hat. Die Innovation wiederum löst das Problem, und die Strategie verwirklicht das Projekt am Markt und erzielt Wettbewerbsvorteile. Hierzu ein Beispiel: Unternehmen wie Federal Express oder McDonalds haben ihre Strategie auf Schnelligkeit aufgebaut. Diese Strategie ist in beiden Fällen ihr entscheidender Wettbewerbsvorteil.

Je nach dem Neuheitseffekt und dem Grad der Veränderung lassen sich verschiedene Arten von Innovationen unterscheiden.

Kleinere Innovationen

Hier ist die einfache Verbesserungsinnovation zu nennen. Ein Beispiel dafür ist der Samsonite-Koffer, der Rollen erhielt. Das ist zwar nichts Umwerfendes, doch immerhin eine sinnvolle Verbesserung, denn sie spart Mühe. Zu den kleinen Innovationen ist auch die elektronische Kompakt-Leuchtstoff-Lampe Delux EL von Osram zu nennen, die eine Lebensdauer von etwa 8 000 Stunden hat und 1986 auf den Markt gebracht wurde. Diese Lampe kombiniert die hohe Wirtschaftlichkeit der Leuchtstofflampe mit dem warmen Licht der Haushaltslampe.

Mittlere Innovationen

Zu dieser Art der Innovation gehört zum Beispiel die erste Funksolaruhr, die von Junghans 1986 auf den Markt gebracht wurde und neue Maßstäbe setzte. Ein weiteres Beispiel ist der in den 80er Jahren von Continental entwickelte Conti-Reifen, der den Reifensitz auf den radial innenliegenden Flächen des Felgenkranzes hat.

Große Innovationen

Zu den großen Innovationen zählte die Entwicklung des Haftzettels der Firma 3M. Um ein Bedürfnis zu schaffen, verschickte das Unternehmen die Erfindung von Arthur L. Fry an 500 Chefsekretärinnen der 500 größten amerikanischen Unternehmen. Der Nutzen wurde erkannt. Damit war das Bedürfnis für das Post-it im Jahre 1979 geweckt. Heute gehören die Post-it-Blöcke zu den bekanntesten Produkten von 3M.

Überragende Innovationen

Ein Beispiel dafür ist die Swatch, die mit den bisherigen Wertvorstellungen für Uhren brach. Die Uhr wurde von Nikotas G. Hayek kreiert. Nur wenige hatten anfangs daran geglaubt, daß aus dem Wegwerfartikel mit Pop- und Modeakzenten ein Erfolg würde.

Eine weitere überragende Innovation ist das Projekt Elba, das die Schweizerische Bankgesellschaft 1985 schuf. Damals wurde die erste elektronische Bank der Welt in Zürich eröffnet. Mit einem Automatenverkehr kann der Kunde Geld abheben, Einzahlungen vornehmen, Traveller-Checks einlösen, Börsengeschäfte tätigen, Gold kaufen und Schweizer Franken in Franc und DM wechseln. Mit dieser ,,Bank wie keine zweite", so der Werbespruch, wurden die geheimen Wünsche der Kunden erfüllt, die nur der Versuch am Kunden, aber keine Marktforschung erkennen konnte. Heute werden bereits mehr als die Hälfte aller Cash-Transaktionen im Selbstbedienungsverfahren vorgenommen.

Die elektronische Bank verband zwei Dinge, nämlich das Bankgeschäft und die elektronischen Möglichkeiten miteinander. Die Vision bestand darin, daß man annahm, daß die Bankkunden es leid waren, am Schalter anzustehen, und statt dessen ihre finanziellen Transaktionen lieber selbständig am Terminal verrichten wollten. Die Innovation, mit der dies erreicht wurde – das Kundenterminal –, wurde bald von allen großen Banken übernommen.

So lassen sich zwar die Begriffe von Vision und Innovation in der Theorie gut voneinander trennen. In der Praxis sind die Übergänge aber fließend, denn der Markt bestimmt, ob eine Vision tatsächlich verwirklicht wird oder ob umgekehrt eine Innovation die Entwicklung einer Vision ermöglicht (siehe dazu *Abbildung 7*) wie in den folgenden Beispielen.

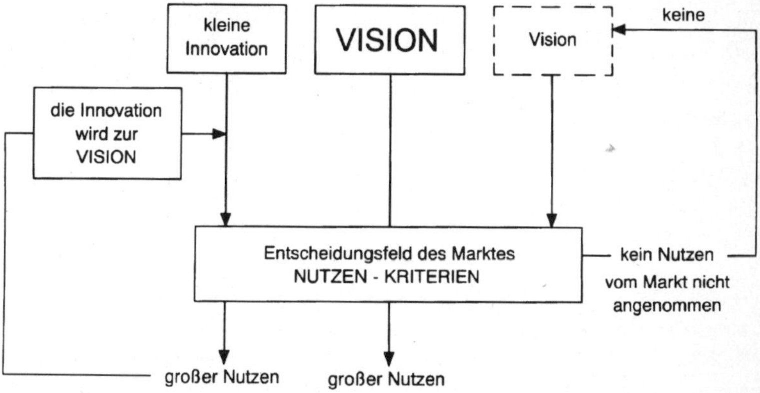

Abb. 7

Zu den Dimensionen einer Vision hat sich zum Beispiel die Einführung der gezielten Mundhygiene durch Karl August Leugner, den Gründer von Odol, entwickelt.

Ein Beispiel aus neuerer Zeit ist der Buchhändler Hugendubel, der in München am Marienplatz ein Buchhaus mit 2 400 m^2 Verkaufsfläche schuf, das er „Welt der Bücher" nannte. Mit seiner Transferinnovation machte Heinrich Hugendubel in Deutschland etwas nach, das sich bereits in England, Frankreich und Skandinavien durchgesetzt hatte. Man war sich allerdings in der Branche einig: Das Buchwarenhaus konnte in Deutschland kein Erfolg werden. Mit einer kleinen Abwandlung schaffte Hugendubel den Erfolg. Das Buchkaufhaus bestand aus vielen Einzelbuchhandlungen, und so war es kein Bücher-Supermarkt. Trotz der schlechten Prognose hatte es großen Erfolg. Nach diesem Vorbild entstanden in Deutschland überall Buchkaufhäuser. Hugendubel selbst hat weitere Filialen eröffnet, zum Beispiel in Frankfurt, Nürnberg und Zürich. Von 1979 bis 1991 hat sich sein Umsatz versiebenfacht. So hat der Markt der Innovation des Herrn Hugendubel Visionscharakter verliehen.

Halten wir fest: Eine Innovation wird erst im betriebswirtschaftlichen Sinn zu einer Vision durch den Nutzen, den sie vermittelt. Über den Nutzen selbst entscheidet der Markt. Daher ist Visionsmanagement auch gleichzeitig Nutzenmanagement.

Visionsmanagement ist Nutzenmanagement.

Was Visionen im Unternehmen bewirken

Die von allen Mitarbeitern begriffene Vision richtet durch das gemeinsame Band die Mitarbeiter auf das Unternehmensziel aus (siehe *Abbildung 8*). Die Kräfte werden auf das Ziel gebündelt. Die Vision ist der Leitstern, nach dem sich das Unternehmen ausrichtet. Dadurch wird ein starkes Wir-Gefühl geschaffen. Da die Vision ein Bild der Zukunft schafft, gestaltet sie diese auch positiv und hat somit eine motivierende und sinnstiftende Wirkung. Es werden Leitsätze geschaffen, nach denen gehandelt wird.

Abb. 8

Visionen haben neben der Kompaß- und Leuchtfeuerfunktion eine große Zugkraft, denn sie drängen zur Verwirklichung. Die Vision verstärkt sozusagen das Immunsystem des Unternehmens, denn sie macht widerstandsfähiger gegen Turbulenzen. Die Vision definiert den Kundennutzen neu, löst Kreativität aus und schafft Innovationen. Visionen brechen mit Trends und Traditionen, dadurch entdecken sie neue latente Potentiale.

Da die Vision erst durch das Urteil des Marktes erfolgreich wird, erfordert sie seine ständige Beobachtung. Ohne Visionen ist kein strategisches Planen im Unternehmen möglich. Wer der Vision folgt, verliert sich nicht in Nebensächlichkeiten. Die Vision richtet die Mitarbeiter auf das Wichtige und nicht auf das Dringende aus. Und so werden Ablenkungen wie Ärger und Sorgen leichter überwunden. Die Vision gibt Führungskräften die Kraft, Mitarbeiter effizient zu führen. Mit Visionen ist das Unternehmen dem Wettbewerb voraus. So sichern Visionen die Existenz des Unternehmens.

Abbildung 9 gibt einen Überblick, was eine Vision im Unternehmen bewirkt.

Visionen schaffen

- → neue Traditionen und brechen mit überholten,
- → neue Trends und Qualitätsstandards,
- → Leitsätze, nach denen gehandelt wird,
- → neue Definition des Kundennutzens,
- → Kreativität und Innovation,
- → Kraft für die Verwirklichung von Strategien,
- → Begeisterung und Motivation,
- → Integration der Kräfte,
- → Sinnvermittlung,
- → Kompaßfunktion und Leuchtturmfunktion,
- → Marktsicherung,
- → Vorsprung gegenüber dem Wettbewerb,
- → eine ethische Zielsetzung,
- → Stabilisierung gegen Turbulenzen,
- → neue Geschäftsfelder und Nutzungspotentiale.

Abb. 9

Vision, Strategie, Kultur

Abbildung 10 zeigt den Einbau einer Vision in das Gesamtsystem des Unternehmens. Die Vision ist die zentrale Kraft, von der alles ausgeht. Um die Vision zu einer Vision im marktwirtschaftlichen Sinn zu machen, muß sie – wie erwähnt – Nutzen schaffen. Erst unter Berücksichtigung vieler Informationen und einer Informationsanalyse kann nach einer kreativen Leistung eine Vision entstehen.

Die darauffolgende Entwicklung der Strategien hat zum Ziel, das Nutzenpotential der Vision zu realisieren, sie sozusagen zu klingender Münze zu machen. Daher bedingt auch die Entwicklung der Strategien umfassende Informationen und ein Informations- und Kommunikationsmanagement, wie es ab Seite 45 dargestellt wird. Die Strategien zum Erreichen der Unternehmensziele werden unterstützt durch die Unternehmenskultur, die Organisation, die Motivation und die Führung der Mitarbeiter.

Die Vision wiederum beeinflußt die Werte im Unternehmen und damit die Unternehmenskultur, die Führung und die Motivation der Mitarbeiter. Das Image am Markt und die Mitarbeiteridentifikation mit dem Produkt und den Dienstleistungen haben direkten Einfluß auf die Unternehmenskultur und damit indirekt auf die Strategien.

Für das Zusammenspiel von Vision und Strategie gilt: Ausgehend von der zentralen Kraft der Vision ist die Kultur die Drehscheibe des Wertgefüges, das in alle Unternehmensvorgänge eingreift. Durch die Verbindung von marktorientiertem Management, Kulturentwicklung, Organisation und kulturkonformer Mitarbeiterführung entsteht die Firmenpersönlichkeit. Nur wenn die Normen der Unternehmenskultur mit der Strategie übereinstimmen, kann die Strategie auch erfolgreich umgesetzt werden. Wenn also ein Unternehmen seine Strategie auf besondere ethische Gesichtspunkte wie Fairneß oder Menschenfreundlichkeit setzt, seine Mitarbeiter aber gleichzeitig unfair und unethisch behandelt, wird sich die festgesetzte Strategie der Menschenfreundlichkeit nicht umsetzen

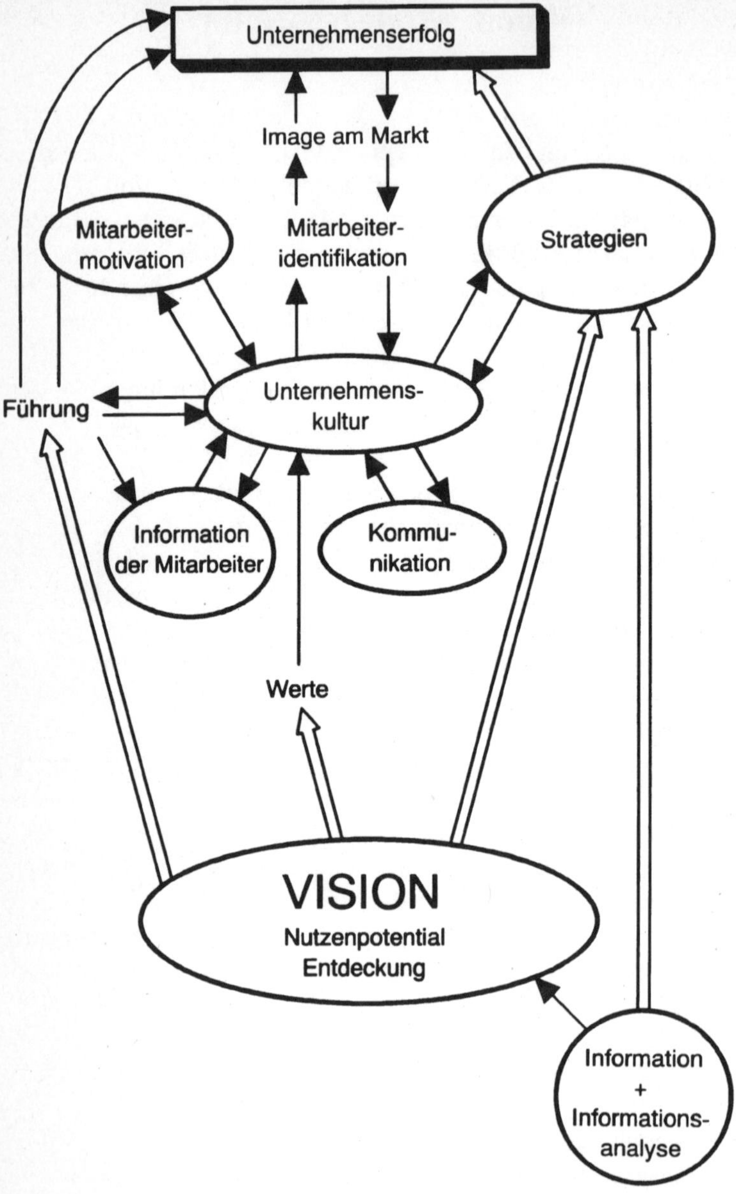

Abb. 10: Vision und Unternehmenserfolg

lassen. Denn welcher geprellte und demotivierte Mitarbeiter wird sich schon für eine derartig aufgesetzte Strategie einsetzen?

Für die Unternehmenskultur spielen besonders folgende Punkte eine Rolle:

- Ausrichtung am Kunden
- Orientierung an Mitarbeitern:
  - Werden die Mitarbeiter geschätzt?
  - Ist der Führungsstil delegativ?
  - Wird ein kooperatives Verhalten gefördert?
  - Wird eine Konfliktbewältigung angestrebt?
  - Gibt es ein System, das es Mitarbeitern auf anonyme Art erlaubt, ihre Vorgesetzten zu kritisieren?
- Effiziente Organisation:
  - Existieren im Unternehmen dezentrale Einheiten?
  - Gibt es Profit-Center?
- Wachstumsorientierung:
  - Sind Manager und Mitarbeiter auf Wachstum ausgerichtet?
- Bejahung von Innovationen:
  - Werden kreative Mitarbeiter von der Geschäftsleitung unterstützt?
  - Existiert die Bereitschaft, Neues auszuprobieren?
  - Erhalten die Mitarbeiter ein Training in Kreativitätstechniken?
  - Greifen Chefs Vorschläge von Mitarbeitern auf?
  - Wird die Zukunftstechnologie genutzt?
- Zeitorientierung:
  - Wird im Unternehmen mit der Zeit effizient umgegangen?
- Gilt das Prinzip der Exzellenz:
  - Wird eine Kultur der kreativen Unzufriedenheit gefördert?
- Leistungsorientierung:
  - Werden materielle und immaterielle Leistungsbelohnungen gewährt?
- Bedürfnisorientierung:
  - Werden menschliche Bedürfnisse erfüllt, soweit dies die Situation des Unternehmens erlaubt?
- Orientierung an der Verantwortungsbereitschaft

Ein Beispiel für eine stark innovationsorientierte Unternehmenskultur ist das amerikanische Unternehmen 3M. Dort gilt der Führungsgrundsatz, der intern als 11. Gebot bezeichnet wird: „Du sollst die Idee für ein Neuprodukt nicht töten."

Der Mitarbeiter, der ein Projekt vorgeschlagen hat, erhält in der Regel Mittel zur Verfügung gestellt und wird damit zum Verantwortlichen für sein Produkt. Schafft er es nicht, seinen direkten Vorgesetzten von seiner Idee zu überzeugen, dann kann er die benötigten Mittel bei einer anderen Stelle in der Firma beantragen. Mit solchen Grundsätzen erreichte es 3M, bei den Mitarbeitern eine innovative und unternehmerische Haltung zu fördern.

Im folgenden Abschnitt werden wir uns mit einigen konkreten Visionen von Unternehmen beschäftigen.

Beispiele für visionäre Unternehmen

SAS

Um die SAS-Fluggesellschaft wieder gewinnträchtig zu machen, entwickelte der Unternehmenschef Carlzon seine Vision. „Wir wollen die weltbeste Fluggesellschaft für den Geschäftsreisenden sein."

Carlzon sagte dazu: „Es handelte sich dabei um keine besonders originelle oder geniale Idee. Neu war die Art und Weise, wie wir das Ziel erreichen wollten."

Carlzon und seine Mitarbeiter dachten bei jeder Ressource darüber nach, ob diese Ausgabe wirklich dem fliegenden Geschäftsmann diente. Der Aufsichtsrat billigte die Investition von 45 Millionen Dollar, mit denen die Leistungen für die fliegenden Geschäftsleute gesteigert wurden. Um die Vision zu verwirklichen, wurden den Mitarbeitern Leitsätze zur Orientierung gegeben.

Leitsätze bei der SAS

1. Die Hauptsache in der neuen SAS ist ein zufriedener Kunde.
2. Wir können beliebig viele schöne Flugzeuge haben, und das Unternehmen SAS wird dennoch nicht überleben, wenn uns nicht genügend Passagiere der Konkurrenz vorziehen.
3. Jeder Mitarbeiter sollte sofort Entscheidungen treffen, um ein Problem sofort zu lösen, anstatt das Problem an den Vorgesetzten weiterzuleiten.
4. Manager müssen in erster Linie Resultate erzielen und nicht Vorschriften umsetzen.
5. Bei der SAS werden Menschen als Individuen behandelt und nicht als Kollektiv. Das gilt sowohl für den Kunden als auch für den Mitarbeiter.

Allgemein müssen Unternehmensgrundsätze mit wirtschaftlich überprüfbaren Daten verbunden sein, damit ihr Erfolg auch dokumentierbar ist.

Da sich die SAS zum Ziel gesetzt hatte, den besten Service für häufig fliegende Geschäftsleute zu bieten, wurde es auch selbstverständlich, eine besondere Flugklasse für Geschäftsleute einzurichten.

Zum großen Erstaunen steigerte die SAS mit diesen Maßnahmen ihre Einnahmen um 80 Millionen Dollar, während die übrigen Fluggesellschaften große Verluste hinnehmen mußten.

Um die Ziele in die Realität umzusetzen, ist strategisches Denken notwendig. Man kann es mit einem Hubschrauber vergleichen, der über den Details steht und damit einen besseren Überblick hat. Wegen der zunehmenden Bedeutung des Kunden ist nach Carlzon der erste Schritt auch die Orientierung am Kunden. Erst dann lassen sich die entsprechenden Strategien entwickeln, um den Kunden an ein Unternehmen zu binden. Carlzon erkannte auch, daß die Mitarbeiter an der Kundenfront ein zuverlässiges Feedback-System brauchten, um festzustellen, ob ihre Entscheidungen tatsächlich die übergeordneten Ziele des Unternehmens in die Tat umsetzten.

Mövenpick

Mövenpick ist eines der größten Gastronomieunternehmen. Der Name entstand, als sein Gründer Ueli Prager mit seinem Architekten Otto Zollingen an der Zürcher Quaibrücke unterwegs war und eine Möwe ihnen ein Stück Brot aus der Hand pickte. Ueli Prager hatte die Vision, daß die Menschen in Zukunft schnell, gut und locker auf hohem gastronomischen Niveau speisen möchten.

Er zeichnet sich auch durch sein großes Marktgespür aus. Als er ein Eis auf den Markt bringen wollte, empfahl ihm die Marktanalyse, ein kalorienarmes Eis herstellen zu lassen. Prager hörte aber nicht auf die Trendexperten, denn er war der Meinung, ein Eis solle nicht schlank machen, sondern Genuß schenken und verführerisch sein. Der Instinkt von Prager erwies sich als realitätsnäher als die Ergebnisse der Trendforscher. Der Kunde ließ sich von dem süßen Eis verführen. Heute ist das Mövenpick-Eis eines der erfolgreichsten Produkte des Unternehmens.

Leitsätze bei Mövenpick

Die Grundsätze von Mövenpick sind sehr kundenorientiert.

1. In unserer Forderung nach maximaler Qualität bei den Waren, die wir einkaufen und verkaufen, machen wir keine Kompromisse.
2. Unser breites und sorgfältig ausgewähltes Angebot vermittelt einen Ausdruck der Lebensfreude.
3. Unser Standard in bezug auf Sauberkeit und Reinlichkeit ist extrem hoch.
4. Die Atmosphäre in unseren Restaurants ist freundlich und entspannend.
5. Alles, was wir in unserer Organisation verbessern können, muß unseren Kunden in der Form dienen, daß sie einen höheren Gegenwert für ihr Geld erhalten.
6. Wir wollen stolz auf alles sein, was wir dem Kunden anbieten.
7. Wir wollen unser Unternehmen so führen, daß wir als fair gelten und daß man uns weiterempfiehlt.
8. Wir wollen unsere Kunden aufmerksam und zuvorkommend bedienen.
9. Wir verlangen von unseren Angestellten, daß sie zueinander liebenswürdig und freundlich sind und zu jeder Zeit ein hohes Maß an Kameradschaft demonstrieren.
10. Alles, was wir unternehmen, muß den Stempel unserer Organisation tragen: jung, frisch, gut und freundlich.

Diese Grundsätze spielen eine Rolle bei Kundenreklamationen, beim Einstellungsgespräch, bei Verhandlungen mit Lieferanten, bei der Abgrenzung zum Wettbewerb, bei der Konzipierung neuer Angebote, bei der Auswahl neuer Restaurants, bei der Schulung von Mitarbeitern usw.

Hier weitere Visionen bekannter Firmen:

- „Eine Uhr wie keine andere." (Swatch)
- „Licht statt Leuchten." (ERCO)

- ,,Hochwertiges Design für Alltagsporzellan." (Rosenthal)
- ,,Freude am Fahren." (BMW)

Denken Sie daran:

Nicht die auf Betriebsversammlungen verkündeten Ziele, wie z.B. sechs Prozent Marktanteil für Produkt A, motivieren die Mitarbeiter. Es sind die Visionen, die Sinn vermitteln. Die strategische Planung leitet sich dann aus der Vision durch eine für alle nachvollziehbare Idee ab. Die übergeordnete Vision muß auf der Ebene der einzelnen Bereiche konkretisiert werden. Gemeinsam müssen sich die Mitglieder jedes Teams die Frage stellen: ,,Was können wir konkret tun, damit unsere Vision verwirklicht wird?"

Die Entwicklung einer Vision

Mit unseren Sinnen erfahren wir, was in unserer Außenwelt geschieht und auch, was in unserem Innern vor sich geht. Wahrnehmungen, die nach innen gerichtet sind, werden geschaffen durch Erinnerungen, Emotionen und Phantasien. Diese erfolgen selbst dann, wenn außen alles still ist und wenn wir die Augen geschlossen haben. Ebenso wie die Wahrnehmung der äußeren Umgebung sind Wünsche und Visionen Kombinationen von Sinneseindrücken, die innerlich erfahrbar sind.

Der Mensch hat die Fähigkeit, erlebte Erfahrungen innerlich zu wiederholen. Er vermag sie innerlich zu vergleichen und aus den bekannten Erfahrungselementen ganz neue Erfahrungen zu konstruieren. So wird der Mensch fähig, aus dem vorhandenen Erfahrungsschatz Antworten auf viele Fragen zu kreieren. Diesen Prozeß des Zusammenspiels von vielen inneren und äußeren Erfahrungen erlebt der Mensch als Intuition. Es ist ein komplexer Prozeß, der logisch nicht nachvollziehbar ist.

Die Forschung beschreibt die Funktionsweise des menschlichen Gehirns als ein synergetisches Zusammenwirken verschiedener Erfahrungskategorien. Möglich wird das Entstehen einer Vision erst dann, wenn das innere System all die Erfahrungen integriert hat, die notwendig sind, ein Bild der zukünftigen Wirklichkeit zu schaffen.

Die im nächsten Abschnitt dargestellten Checklisten und Fragen wollen Ihnen als Grobraster helfen, zu einem möglichst umfassenden Bild der Einflüsse und Kräfte, die auf Ihr Unternehmen wirken, zu kommen. Die Zusammenstellung soll bewirken, sich Ihres Wissens bewußt zu werden, um daraus Ihre eigene Vision zu entwickeln.

Die Entwicklung einer Vision in sechs Schritten	
1. Schritt:	Rückschau: Eine Rückschau erleichtert das Entwickeln neuer Perspektiven.
2. Schritt:	Sammeln von Informationen und das Bewußtmachen von Fakten. Einsatz von Checklisten.
3. Schritt:	Mit Entspannung und Kreativität den Prozeß der Visionsentwicklung einleiten.
4. Schritt:	Gezielte Fragen stellen.
5. Schritt:	Die Vision entwickeln.
6. Schritt:	Das Szenario erstellen.

1. Schritt: Rückschau

Machen Sie sich die Entwicklung Ihres Unternehmens in der Vergangenheit bewußt. Ein Rückblick erleichtert es Ihnen, neue Perspektiven zu entwickeln.

2. Schritt: Sammeln von Informationen

Das Bewußtmachen von Fakten ist notwendig. Es empfiehlt sich dazu, Stichworte auf ein Blatt Papier zu schreiben. Findet das Erarbeiten einer Vision in einer Gruppe statt, sollten wichtige Fakten auf Flippchards visualisiert werden.

Im Kapitel „Die richtige Information zum richtigen Zeitpunkt" ab Seite 45 finden Sie viele Tabellen, um das Umfeld und die wichtigsten Bereiche und Faktoren für den Erfolg einer Vision und das Nutzenmanagement noch präziser zu erfassen.

3. Schritt: Entspannen Sie sich

Nutzen Sie alle Entspannungsmöglichkeiten, die Ihnen zur Verfügung stehen: Licht, Musik, Meditation, Atemtechniken etc.

4. Schritt: Mit gezielten Fragen die Entwicklung einer Vision vorbereiten

Versuchen Sie, eine oder mehrere der folgenden Fragen zu beantworten:

- Warum kaufen die Kunden bei uns? Was schätzen unsere Kunden an unseren Produkten und Dienstleistungen? Was schätzen Sie an denen des Wettbewerbs? Wie können wir den Nutzen unserer Produkte erhöhen und sie so wertvoller machen?
- Welche Produkte und Dienstleistungen wollen wir forcieren?
- Welche neuen Produkte und/oder Dienstleistungen können wir entwickeln?
- Was soll Schwerpunkt unserer Innovation werden?
- Wie können wir Vorteile gegenüber unserem Wettbewerb erreichen?
- Welche Trends verändern unsere Branche? Welche Chance oder Bedrohung liegt darin?
- Welche kritischen Kräfte gibt es im Umfeld des Unternehmens?
- Welche Chancen gibt die Entwicklung der Technik?
- Welches Know-how haben wir? Welches Know-how brauchen wir?
- Was ist das Besondere in der Organisation unserer Unternehmung? Worin sind wir einmalig? Worin liegen unsere Schwächen?
- Wo kann unsere Unternehmung in 5, 10 oder gar 20 Jahren stehen?
- Welche Chancen können wir ergreifen?

5. Schritt: Entwickeln Sie Ihre Vision

Bei der Entwicklung der Vision können Sie zeichnen oder Ihre Vorstellungen auf andere Art zum Ausdruck bringen.

Meine Vision ist:

____

____

____

____

____

____

____

____

____

6. Schritt: Wenden Sie die Szenariotechnik an

(siehe dazu ab Seite 80)

Nutzen Sie außerdem auch die Beurteilungskriterien aus dem Kapitel „Chancen und Risiken bewerten" von Seite 151. Dies hilft Ihnen dabei, mehr Klarheit über Ihre Vision zu bekommen.

Sind Visionen planbar?

Der vorangegangene Abschnitt legt ein Vorgehen dar, um die Voraussetzungen zu schaffen, Visionen zu kreieren. Sind Visionen aber planbar? Oder spielt nicht auch manchmal der Zufall eine große Rolle? Beides ist tatsächlich möglich.

Visionen können Eingebungen des Augenblicks ebenso sein wie das Ergebnis systematischen Vorgehens wie etwa im vorangegangenen Abschnitt. Doch selbst wenn die Vision aus dem Glück des Augenblicks resultiert, so ist das meist nur durch eine lange Beschäftigung mit dem betreffenden Gebiet möglich.

Da die praktische Realisierung einer Vision oft eine ganze Reihe von Innovationen benötigt, ergibt sich das endgültige Bild einer Vision manchmal erst nach einer Reihe von Einzelschritten in einem langfristigen Prozeß. Die Entwicklung der Hotel- und Gastronomiegruppe Mövenpick ist ein Beispiel für einen solchen Ablauf in der Visionsentwicklung.

In der Vergangenheit war die Kreation von Visionen meist das Verdienst von einzelnen begabten Personen. Heute tritt an die Stelle der Einzelkämpfer überwiegend das kleine Team. Wir werden uns mit dem dazu erforderlichen Informations- und Kommunikationsmanagement noch gesondert beschäftigen. Doch auch Teams sind auf zündende Ideen angewiesen. Dafür müssen die erforderlichen Voraussetzungen und Bedingungen geschaffen werden. Sogar heute ist es noch möglich, daß die Idee von ein oder zwei Personen kreative Leistungen auslöst, wie sie selbst von wissenschaftlichen Expertenteams über Jahre nicht erreicht wurden.

So gelang es zum Beispiel im Jahr 1993 zwei 16- und 17jährigen amerikanischen Oberschülern gemeinsam, die Gene in den Chromosomen zu entdecken, die für Krebs verantwortlich sind. Was vielen Wissenschaftlern über Jahre nicht gelungen war, schaffte das Schülerteam in nur hundert Stunden gemeinsamer Arbeit. Mit Sicherheit gelang den Schülern diese Leistung durch „whole brain thinking“, also der Nutzung beider Gehirnhälften, bei dem die rechte intuitive Gehirnhälfte einen größeren Anteil hat als in der regulären wissenschaftlichen Arbeitsweise. Nun ist es tatsächlich wie schon erwähnt möglich, diese Art des Denkens zu trainieren. Der folgende Abschnitt zeigt Ihnen, was Sie selbst tun können, um visionär zu denken.

Wie Sie üben, visionär zu denken

Bewußt und unbewußt sammelt jeder Mensch während seines Lebens Wissen an. Dieses Wissen äußert sich in Gefühlen, Eingebungen und Ideen. Rational orientierte Menschen neigen dazu, ihre intuitiven Erkenntnisse zu unterdrücken. Sie denken „logisch". Phantasie, Intuition oder Gefühle – die alle in der rechten Gehirnhälfte ihren Ursprung haben – werden als Störelemente betrachtet.

Um die Information aus der intuitiven Quelle zu nutzen, müssen Sie sich für solche Vorgänge sensibilisieren. Sensibilität für ein Feld beginnt immer dann, wenn die Aufmerksamkeit darauf gerichtet wird. Wenn Sie sensibel für die inneren Botschaften werden, werden Sie auch mehr auf die Intuition hören. Sensibilität und Intuition sind also eng miteinander verknüpft.

Für viele Entdeckungen, Erfindungen und Visionen gilt, daß sie sich als inneres Bild vor dem geistigen Auge entwickelt haben. So sah zum Beispiel Edwin Land die Kamera, die Sofortbilder produziert, bildhaft so präzise vor seinem geistigen Auge, daß er längere Zeit benötigte, sie einem Freund auch so präzise zu beschreiben, wie sein inneres Auge sie sah.

August Kekule sah im Traum eine Schlange, die sich in den Schwanz biß. Dieses Bild regte ihn zur Entwicklung des Modells des Benzolrings an. Doch beschränken wir uns auf diese Beispiele.

Das bildhafte Denken findet in der rechten Gehirnhälfte statt, die durch unsere westliche Erziehung und Ausbildung gegenüber der linken Gehirnhälfte vernachlässigt wird. Diese gilt es wieder zu aktivieren und ihr kreatives Potential zu nutzen. Ihre Fähigkeit, bildhafte Vorstellungen zu entwickeln, hängt davon ab, ob es Ihnen gelingt, sich zu entspannen. Natürlich ist es schwer, sich im hektischen Arbeitsalltag zu entspannen, doch sollten Sie die Möglichkeiten des autogenen Trainings oder der Meditation nicht völlig außer acht lassen. Auch eine angenehme Umgebung, ein nach kreativitätsfördernden Maßstäben eingerichtetes Büro und die Möglichkeit, auch einmal in anderer Umgebung zu arbeiten, sind die besten Voraussetzungen, um kreativ tätig werden zu können. In *Abbildung 11* finden Sie die Möglichkeiten der Visionsentwicklung durch die Meditation noch einmal bildhaft dargestellt.

Sehen Sie sich im Zweifelsfall die Visualisierungsübung im Kapitel zur Kreativität auf Seite 177 und die NLP-Übung ab Seite 103 näher an. Wenn Sie es schaffen, solche Übungen in Ihren Tagesablauf einzubinden, werden Sie bald Erfolge verbuchen können.

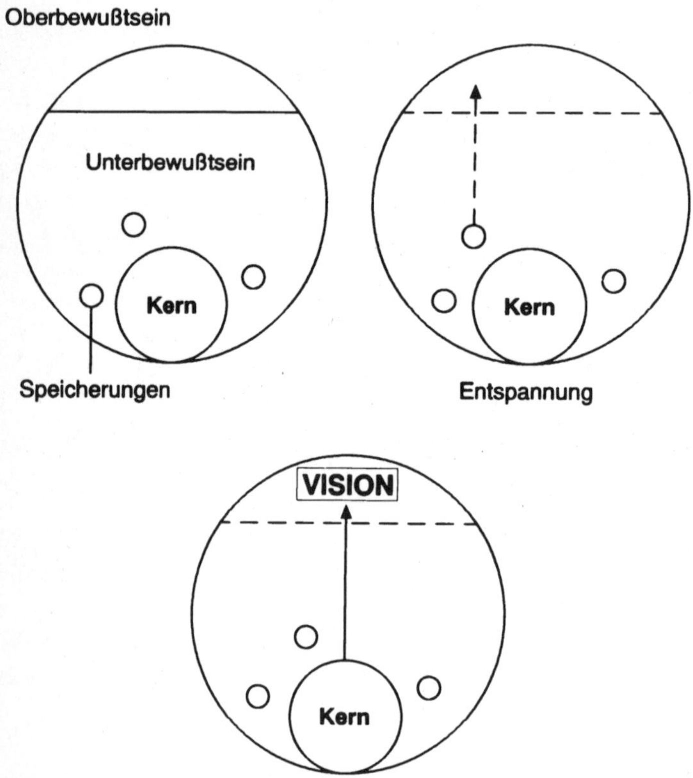

Abb. 11: Aktualisierung des Erfahrungsschatzes und Entwickeln von Visionen im veränderten Bewußtsein in der Meditation

Was hilft Ihnen noch, ein visionärer Manager zu werden? Zum Visionär werden Sie, wenn Sie Ihre eigenen mentalen Sperren erkennen und sich von ihnen trennen. Diese können sein:

- Sie haben ein negatives Bild von sich.
- Sie haben ein negatives Bild von der Wirklichkeit.
- Sie filtern alles durch die Brille Ihrer Vorurteile, wenn es nicht zu Ihrer vorgefaßten Meinung paßt usw.

Diese Sperren lassen sich durch positive Affirmationen aufbrechen. Affirmationen sind Meldungen an Ihr Unterbewußtsein, die es positiv stimmen. Sollte Ihnen diese Definition zu „esoterisch" klingen, so denken Sie doch einmal an den Motivationsschub, den Sie sicherlich sehr oft einfach dadurch erreicht haben, indem sie sich gesagt haben: „Ich schaffe es." Nicht anders ist es mit der Affirmation. Wenn Sie sich nur oft genug sagen: „Ich glaube an mich", so wird das Ihr Unterbewußtsein als „Wahrheit" akzeptieren. Zu den vorangegangenen Beispielen negativer Sichtweisen könnten die positiven Affirmationen wie folgt aussehen:

- „Ich glaube an mich und bin kreativ."
- „Unsere Zukunft entwickelt sich positiv."

Machen Sie es sich auch zur Gewohnheit, sich mit Menschen zu unterhalten, die andere Ansichten haben als Sie, und stellen Sie Ihre eigene Meinung zunächst zurück. Sie werden feststellen, daß dies Ihren Horizont ungeheuer erweitert.

Bejahung Ihrer Person, Selbsterkenntnis und das Geistestraining der Meditation verhelfen Ihnen dazu, Ihre ungenutzten Potentiale besser zu nutzen.

Sind Sie auf dem Weg, ein visionärer Manager oder Unternehmer zu werden?

Der visionäre Manager oder Unternehmer sucht nach Veränderungsmöglichkeiten auf wirtschaftlichem und menschlichem Gebiet. Der nicht visionäre Manager oder Unternehmer sieht sich als Bewahrer einer festgefügten Ordnung an. Für den Visionär ist das Schöpferische in seiner Arbeit wichtig. Hier einige Verhaltensweisen des Managers oder Unternehmers ohne eine Vision. Ein solcher Manager oder Unternehmer:

- beschäftigt sich mit den täglichen Problemen und nicht mit langfristigen Zielsetzungen,
- läßt Emotionen nicht zu oder verdrängt sie,
- verhält sich kühl und reserviert seinen Mitarbeitern gegenüber,
- unterdrückt seine Spontanität,
- kritisiert gern die Schwächen der Mitmenschen,
- hat zwar Durchsetzungsvermögen, es mangelt ihm aber an der Sensibilität,
- verzettelt sich im Kleinkram,
- hat keine Begeisterungskraft, die Mitarbeiter zu motivieren,
- neigt zu Killerphrasen bei neuen Ideen,
- delegiert nicht, aus Angst vor eventuellen Fehlern der Mitarbeiter,
- verrennt sich in Probleme und vermag nicht loszulassen,
- hat die Fähigkeit zur Selbstreflexion wenig ausgebildet,
- sieht am Horizont überwiegend dunkle Wolken,
- ist launenhaft und verliert schnell die Ruhe,
- setzt keine Prioritäten und Rangunterschiede,
- kann nicht zuhören.

Der Manager oder Unternehmer mit Vision dagegen:

- entwirft ein positives Bild der zukünftigen Wirklichkeit, entweder allein oder in Teamarbeit,

- vermittelt den Mitarbeitern die Vision,
- gibt Lob und Anerkennung,
- hört genau zu,
- ist Vorbild,
- strahlt menschliche Wärme aus,
- ist sensibel für die Bedürfnisse der Mitarbeiter,
- ist begeistert und motiviert,
- ist kontaktfreudig,
- setzt Prioritäten,
- vermag seine Vision in konkrete Maßnahmen umzusetzen.

Unternehmensgrundsätze helfen bei der Visionsentwicklung

Die Grundsätze bzw. Leitsätze eines Unternehmens haben neben der Vision eine große Bedeutung. Sie sind für alle Mitarbeiter ein verbindlicher Verhaltenskodex. Diese Grundsätze müssen an überprüfbare Kriterien gebunden sein, da sie sonst den Charakter unverbindlicher Phrasen haben.

Hier ein Beispiel eines solchen Grund- oder Leitsatzes, wie er in der Praxis häufig vorkommt: Der Grundsatz ,,Wir wollen im Kundendienst Spitze sein" ist schön und gut. Zu ihm paßt weder, daß man unfreundliche Monteure, Servicepersonal oder Führungskräfte hat noch daß man – und hier wird es interessant – überhaupt keinen Nutzen von diesem Grundsatz hat. Egal, welchen Grundsätzen Sie sich verschreiben, sollten Sie diese doch zuvor mit den Betroffenen, also Mitarbeitern, Kunden oder Lieferanten abklären. Wird dies nicht getan, so vergißt man womöglich vor lauter Eifer, daß Kundendienst in gerade diesem Unternehmen noch nie eine Rolle gespielt hatte und daß statt dessen die niedrigen Preise der Kaufgrund für die Kundschaft waren. Eine Fixierung auf den Kundendienst wäre damit sicherlich am Markt vorbeigedacht.

Was gilt es ganz allgemein bei der Festlegung von Unternehmensgrundsätzen zu beachten?

- Die Grundsätze haben sich am Markt und am Kunden zu orientieren.
- Konzentrieren Sie sich auf die Einzigartigkeit Ihres Unternehmens.
- Konzentrieren Sie sich auf die Stärken Ihres Unternehmens.
- Die Grundsätze haben für die Mitarbeiter einen verbindlichen Charakter.
- Die Grundsätze sollen auch von ethischen Gesichtspunkten geprägt sein.
- Verantwortung für Mitarbeiter und Gesellschaft ist ein wichtiger Grundsatz.

Inwiefern hängen nun Visionen und Unternehmensgrundsätze zusammen? Ganz einfach: Unternehmensgrundsätze, wie etwa der von 3M („Töte niemals die Idee für ein neues Produkt"), helfen dabei, Visionen zu ermöglichen. Sie festigen das Vertrauen in die eigenen Stärken und helfen dabei, Entscheidungen zu fällen, etwa wenn ethische Gesichtspunkte notwendig sind. Niemand kann es sich heutzutage mehr leisten, seine Grundsätze nach menschenverachtenden Gesichtspunkten oder nach diktatorischen Maßstäben zu setzen. Die Folge wäre, daß Mitarbeiter in Scharen davonlaufen oder gar gegen das Unternehmen klagen würden.

Wer Unternehmensleitlinien verfaßt, zeigt, daß ihm das Unternehmen und die darin arbeitenden Mitarbeiter wichtig sind und daß erwünscht ist, daß alle am gleichen Strang ziehen. Man sollte diesen Teameffekt nicht unterschätzen, kann er doch im Zweifelsfall darüber entscheiden, ob ein Unternehmen oder eine Vision Erfolg hat oder nicht.

Natürlich ist es bei der Entwicklung der eigenen Unternehmensleitsätze angebracht, sie im Team zu entwickeln. Schließlich sollen sie ja auch für alle gelten. Versuchen Sie nun, die für Ihr Unternehmen geltenden Grundsätze herauszufinden. In den meisten Unternehmen sind diese Grundsätze nicht schriftlich fixiert, aber es gibt immer wieder „ungeschriebene Gesetze", die von allen beachtet werden. So kann es sein, daß beispielsweise in einem kleinen Einzelhandelsgeschäft gilt: „Wenn ein Kunde eine Minute vor Ladenschluß auftaucht, wird er noch bedient, egal, wie unbequem das ist". Um so besser! Fixieren Sie diesen Grundsatz schriftlich, und machen Sie ihn auch Ihren Kunden bekannt. Sie werden sehen, Ihre Kunden werden es zu schätzen wissen.

Sollten Sie bei der Bestandsaufnahme nur negative Äußerungen über Ihr Unternehmen finden, so sollte Ihnen dies wirklich zu denken geben. Es könnte sein, daß Sie sich dann auch in anderen Bereichen auf einer rasanten Talfahrt befinden.

Die Grundsätze unseres Unternehmens lauten:

Die richtige Information zum richtigen Zeitpunkt

Warum Informationen so wichtig sind

Unser Gehirn teilt sich in einen rechten Bereich, der verantwortlich für Kreativität, Visionen und Intuition, und einen linken Bereich, der verantwortlich für analytische, logisch rationale und abstrakte Aktivitäten ist. Bei Führungskräften sind diese beiden Bereiche oft nicht in gleicher Weise ausgebildet. Manager mit Betonung der linken Gehirnhälfte neigen dazu, umfangreiche quantitative Daten zu erfassen, was ihrem betont logisch analytischem Denken entspricht. Manager mit einer dominanten rechten Gehirnhälfte tendieren zu einer ganzheitlichen Analyse der Information, die sich mehr an der Qualität der Einflußgrößen orientiert.

Welche Vorgehensweise der Informationserfassung steht bei Ihnen im Vordergrund? *Abbildung 12* hilft Ihnen, die Frage für sich zu beantworten. Schauen Sie in *Abbildung 12* zunächst auf das Teilbild a, dann auf das Teilbild b und schließlich auf das Teilbild c.

Es gibt dabei zwei unterschiedliche Betrachtungsweisen. So könnten Sie feststellen: *Abbildung 12a* besteht aus vier Strichen und zwei gebogenen Linien. Sie könnten die Länge der Striche und der Kurven zusätzlich ausmessen und eine genaue Beschreibung durch ein Koordinatensystem vornehmen. Diese quantitative Betrachtung ist hier allerdings nicht gefragt. Es geht vielmehr darum, was diese wenigen Informationen (Striche und Kurven) andeuten wollen. Ihr perzeptives Schlußfolgerungsvermögen soll also gemessen werden.

In jeder der folgenden *Abbildungen 12b* und *12c* sind mehr Informationen enthalten, das Bild ist also vollständiger gezeichnet. Was erkennen Sie? Blättern Sie nicht weiter und überlegen Sie erst eine Weile!

Haben Sie immer noch keine Vorstellung, dann schauen Sie nun auf die *Abbildung 13a,* dann auf *13b.* Erkennen Sie jetzt, was die Zeichnung darstellt? *Abbildung 13c* auf Seite 48 zeigt die vollständige Darstellung des Bildes, einen Vogel.

Je weniger Informationen Sie benötigt haben, um das Bild des Vogels zu erkennen, desto mehr ist Ihre ganzheitliche Wahrnehmungsfähigkeit ausgeprägt.

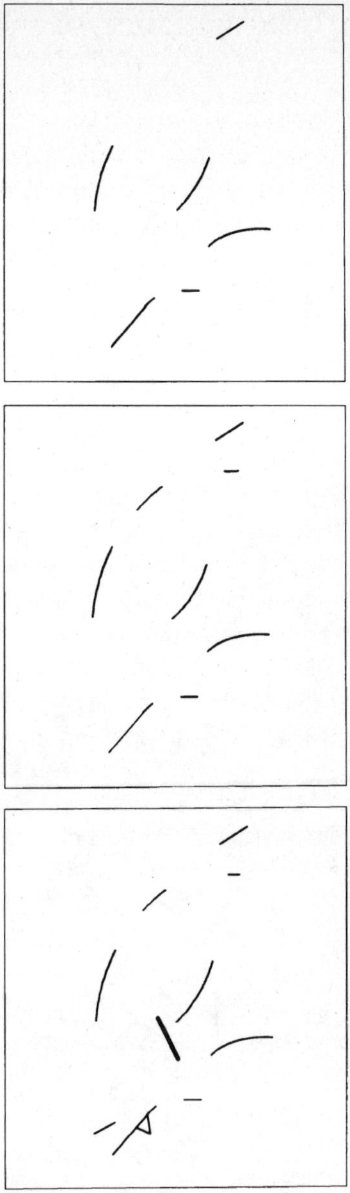

a

b

c

Abb. 12

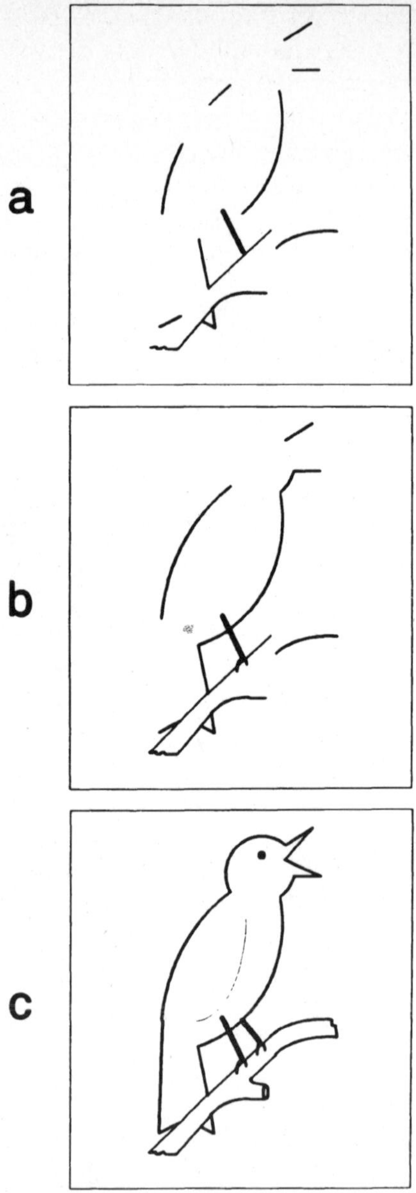

Abb. 13

Welches Vorgehen in der Informationsanalyse ist nun für Unternehmen nötig? – Es gibt zwei Informationswege, die in diesem Zusammenhang von Bedeutung sind: einmal externe Informationen, die das Umfeld des Unternehmens betreffen und die interne Informationsverarbeitung. Für die externe Information spielen ganzheitliche und quantitative Betrachtungsweisen eine große Rolle. Handelt es sich darum, die wichtigsten Entwicklungstendenzen, Bedürfnisse und Trends für die nächsten fünf bis zehn Jahre wahrzunehmen, dann ist dazu eine ganzheitliche Betrachtungsweise notwendig. Analysen, die die Kosten- und Wettbewerbsanalysen und die Umsatzschätzung einer Marktnische betreffen, erfordern mehr eine quantitative Betrachtungsweise.

Die Erfahrung zeigt immer wieder, daß neue Entwicklungsrichtungen in einer Branche von Unternehmen mit langer Tradition oft nicht erkannt werden. Neue Tendenzen werden nicht registriert, da fixierte Wahrnehmungs- und Denkmuster wichtige Teile der Wirklichkeit ausblenden.

Folgendes Beispiel soll das vertiefen: Schauen Sie sich die beiden folgenden Zahlenreihen an. Sie sind nach einer bestimmten Gesetzmäßigkeit aufgebaut.

1. 1, 3, 5, 7, 9, 11
2. 2, 3, 5, 8, 9, 0

Sie werden relativ schnell herausfinden, daß in Reihe 1 die Zahlen so geordnet sind, daß jeweils die Ziffer 2 addiert wird. Versuchen Sie in Reihe 2 auch eine mathematische Gesetzmäßigkeit zu entdecken, nach der die Zahlen geordnet sind, so werden Sie so nicht Erfolg haben. In Zeile 2 sind die Zahlen nach einer ganz anderen Kategorie geordnet, nämlich nach der Form: Aus der Folge der fortlaufenden Zahlen sind nur die ausgewählt, die eine Rundung in der Zahl besitzen.

Damit ein Unternehmen nicht zum Opfer der eigenen festgefahrenen Denkstrukturen wird und das Muster, das hinter den Informationen steht, nicht mehr erkennt, empfiehlt es sich, Berater von außen heranzuziehen. Experten mit großem Allgemeinwissen sind weniger in Gefahr, zum Opfer des Scheuklappendenkens zu werden, und helfen, Sichtweisen zu erweitern. Das gilt auch für die interne Informationsverarbeitung. Sehen Sie sich zu diesem Thema Seite 56 genauer an. Doch bleiben wir zunächst noch bei der Verarbeitung externer Informationen.

Abbildung 14 auf Seite 51 zeigt, welche inhaltlichen und formalen Aspekte eine Information hat. Daneben werden strategische und operative Informationen unterschieden.

Strategische Informationen werden besonders zur Analyse, Prognose, Ideenfindung und Bewertung für die strategische Unternehmensführung benötigt. Häufig liegen sie nur fragmentarisch vor, betreffen sehr schlecht strukturierbare Probleme und beschreiben lediglich Symptome. Sie werden auch als schwache Signale bezeichnet, die frühzeitig auf Umbrüche und Diskontinuitäten hindeuten.

Operative Informationen liegen häufig vollständig vor, betreffen gutstrukturierte Probleme und sind ansonsten leicht einzuholen. Strategische Informationen kommen vielfach nur in qualitativer Form vor. Diese Besonderheit der strategischen Informationen führt in der betrieblichen Praxis oft zu großen Problemen bei der Erfassung, Speicherung und Weiterleitung der Informationen.

Das Management muß den besonderen Eigenschaften der Information gerecht werden. Leider gibt es in der Unternehmenspraxis hier überwiegend Defizite, da die Informationsverarbeitung und Verteilung noch hierarchisch und auch oft ohne Effektivität erfolgt.

Informationen haben einen Nutzen, der davon bestimmt wird, wie die einzelne Information verwendet wird. Ihr Wert läßt sich nur subjektiv beurteilen, und er wird auch verändert durch Hinzufügen, selektives Weglassen und Verdichtung. Informationen sind auch an die Person gekoppelt, die die Information verarbeitet. Denn im Rahmen der Informationsverarbeitung werden aus unselektierten Informationen selektierte und damit die weitergegebenen eigentlichen Informationen.

Informationen ermöglichen als Prozeß die gezielte Kommunikation in allen Unternehmensbereichen. Nur wenn es ein Mindestmaß an Informationen gibt, sind Erkenntnisse und Lernprozesse möglich.

Um Nachteile zu vermeiden und den Erfordernissen des Visionsmanagements gerecht zu werden, sollten Sie Informationen als wich-

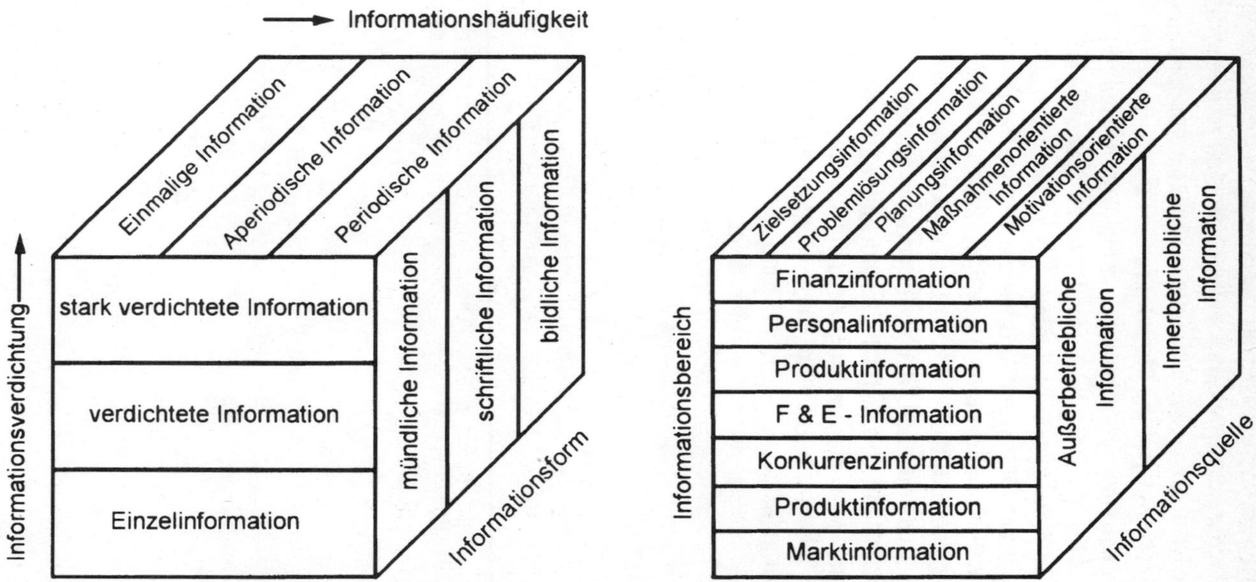

Abb. 14: Die Aspekte der Information

tiges Instrument ins Unternehmen einbringen. Das erfordert es, die Unternehmensorganisation als komplexes Netzwerk und als dynamisches System aufzufassen. Denn Informationen können nur dann wirkungsvoll sein, wenn ihr Fluß durch die Organisation unbehindert ist und ein Austausch zwischen allen Hierarchien und Bereichen stattfindet. Dies gilt auch für die selbst heute noch in vielen Unternehmen gerne geheimgehaltenen Informationen wie Auftragslage oder Umsatz. Nur wer *alle* Informationen komplett vorliegen hat, kann sich ein Bild der Situation machen.

Denken Sie an das Beispiel mit dem Vogel von Seite 47. Auch hier war es nicht möglich, denVogel von Anfang an als solchen zu erkennen. Wenn Ihre Mitarbeiter nur unzulängliche Informationen haben, dann werden sie eventuell „aus einer Mücke einen Elefanten" machen oder – was noch schlimmer ist – den Elefanten übersehen.

Infomanagement hat Vorteile

Jedes Unternehmen benötigt für seine Innovationspolitik und für sein Verhalten gegenüber dem Wettbewerb Informationsvorsprünge. Zur Verwirklichung der Unternehmensvision ist es aber auch erforderlich, die Informationsdefizite innerhalb des Unternehmens zu beseitigen. Auf diesem Gebiet ist noch viel zu tun. Deshalb ist ein Informationsmanagement, das praktikabel ist, so notwendig. Das Informationsmanagement soll dem Unternehmen in folgenden wichtigen Punkten helfen:

- die Markt- und Kundennähe verbessern,
- Zeitgewinne erzielen,
- Innovationsvorsprünge schaffen,
- Wettbewerbsvorsprünge erzielen,
- die Flexibilität des Unternehmens erhöhen,
- Risiken verringern,
- Entscheidungen verbessern,
- die Handlungsspielräume der Unternehmensführung erhöhen,
- Erträge und Wettbewerbsvorsprünge sichern,
- Führungskräfte motivieren und die Mitarbeiter zum unternehmerischen Handeln animieren.

Die Ziele eines solchen Informationsmanagements sind in *Abbildung 15* noch einmal dargestellt.

Eine Vision kann nur dann entwickelt und realisiert werden, wenn auch „schwache Signale" bereits beobachtet und erfaßt werden.

Deshalb ist es erforderlich, Signale frühzeitig zu erkennen, um Chancen wahrzunehmen und um Gefahren abzuwenden. Kunden, Wettbewerber und die Entwicklung des Umfelds müssen dafür genauestens unter die Lupe genommen werden.

Leider existieren in der Praxis in den meisten Unternehmen noch folgende Mängel:

Abb. 15

- mangelnde Orientierung am Markt, der Branche, am Wettbewerb,
- fehlende Verbindung von Informationsmanagement und strategischer Planung,
- Organisationsstrukturen, die den Informationsfluß hindern,
- mangelnde Kommunikation zwischen den einzelnen Abteilungen und Informationsdefizite bei langfristigen Planungen,
- Kommunikationsprobleme auf persönlicher Ebene unter Mitarbeitern und Führungskräften,
- Mängel in der Fähigkeit der Informationsaufnahme und -abgabe bei Führungskräften und Mitarbeitern,
- Mängel, was den Informationsbedarf betrifft,
- Differenzen bei der Interpretation der Inhalte von Informationen,
- geringer Gehalt der Information trotz vieler Daten,
- ineffiziente Nutzung der Hard- und Software,
- fehlende Maßnahmen, um durch Informationen Zeitvorsprünge zu gewinnen,

- mangelnde Nutzung des Informationswesens zur Verbesserung der Wettbewerbssituation,
- mangelnde Abstimmung des Informationsflußes,
- Barrieren in der Informationsfähigkeit.

Das Informationspotential ist die Menge und Qualität aller potentiell verfügbaren externen und internen Informationen des Unternehmens, die für Entscheidungen relevant sind.

Der Informations- und Kommunikationsfluß – oder: Wer sagt wem was?

In vielen Unternehmen existieren auch Schwächen hinsichtlich des Informationspotentials:

- Es herrscht Unklarheit, wofür welche Informationen benötigt werden.
- Oft fehlt das Wissen, welche Informationen besondere Bedeutung haben.
- Es herrscht Unkenntnis über die Informationsdefizite im Unternehmen.
- Es mangelt an Wissen, welche Informationen noch intern und extern beschafft werden müssen.
- Es gibt Probleme, die Informationsflut auf die relevanten Faktoren zu verdichten.
- Die Informations- und Kommunikationssysteme sind nicht auf die Realisierung der Vision und die betriebliche Zielverwirklichung abgestimmt.
- Es werden keine Maßnahmen angestrebt, die Informationsbeschaffung zu verbessern.
- Es werden keine Maßnahmen ergriffen, um die Mitarbeiter mit dem Informationsmanagement vertraut zu machen und ihnen die Scheu davor zu nehmen.

Um das Informationsverhalten in Ihrem Unternehmen zu verbessern, müssen Sie selbstkritisch werden. Stellen auch Sie sich deshalb folgende Fragen:

- Vermitteln Sie Ihre Vision an Ihre Mitarbeiter?
- Geben Sie Ihren Mitarbeitern ausreichende Informationen über die Leitsätze des Unternehmens, zu den Unternehmenszielen und Unternehmensgrundsätzen, über neue Projekte oder über organisatorische Änderungen?

- Sorgen Sie dafür, daß die von Ihnen weitergeleiteten Informationen auch den gewünschten Empfänger erreichen?
- Was tun Sie, um die Informationswünsche Ihrer Mitarbeiter in Erfahrung zu bringen?
- Gehen Sie auf das subjektive Informationsbedürfnis der Mitarbeiter ein?
- Gibt es Widerstände, die eine optimale Information verhindern?
- Wie ist die Kommunikation in Ihrem Unternehmen?
- Gibt es Probleme, notwendige Informationen für Entscheidungen zu erhalten?
- Entsprechen die informationstechnischen Systeme nicht mehr den Anforderungen?
- Sind Informationen für den Empfänger so verständlich, daß er sie in Handlungen umsetzen kann?
- Wie ist die informelle Kommunikation in Ihrem Unternehmen?
- Welche Informationstechnik benutzen Sie (E-Mail, mündliche oder schriftliche Mitteilungen, schwarzes Brett etc.)?

Die Beantwortung dieser Fragen können Sie einzeln oder in einem Gruppengespräch in Angriff nehmen. Das Gruppengespräch bietet den Vorteil, daß unterschiedliche Beurteilungen der Situation sofort diskutiert werden können. So kann es durchaus sein, daß Sie zwar der Meinung sind, Informationen weiterzuleiten, daß aber Ihre Mitarbeiter subjektiv unter Informationsdefiziten leiden. Die Beantwortung der Fragen erfordert dementsprechend auch eine gewisse Ehrlichkeit gegenüber sich selbst.

Um mit Informationsvorsprüngen Wettbewerbsvorteile zu gewinnen, sollten Sie den Informationsfluß nach schwachen Stellen untersuchen.

Das folgende Formblatt hilft Ihnen, die Meinung von Mitarbeitern aus jeder Abteilung über den Informations- und Kommunikationsfluß von anderen Organisationseinheiten zu Ihrer Abteilung einzuholen. Wenn im Rahmen von Informationsmanagementsitzungen über die Ergebnisse der Befragung und die unterschiedlichen Bewertungen diskutiert wird, ergeben sich mit Sicherheit konstruktive Anregungen für die Verbesserung der Information und der Kommunikation.

Wichtig ist in diesem Zusammenhang, daß ein ehrliches Interesse an der Verbesserung der Kommunikation besteht, denn sonst verfällt man leicht internen Kompetenzrangeleien oder Schuldzuweisungen, die genau das Gegenteil bewirken.

Analyse des Informations- und Kommunikationsflusses

Befragung der Abteilung ______________________

Wie beurteilen Sie den Informationsfluß:

a) innerhalb der eigenen Abteilung: ______________________

____

____

b) von anderen Organisationseinheiten zu Ihrer Abteilung und zwar von:

- Forschung und Entwicklung: ______________________

  ____

  ____

- Beschaffung: ______________________

  ____

  ____

- Produktion: ______________________

  ____

  ____

- Vertrieb und Marketing: ______________________

  ____

  ____

- Produktion: ______________________

  ____

  ____

– Rechnungswesen: ______________________________

____

____

– Unternehmensführung: ______________________________

____

____

– Sonstige: ______________________________

____

____

Zur Beurteilung wird folgender Schlüssel verwendet:

0: Keine Information
1: ungenügende Information
2: optimale Information
3: zu viele Informationen
Außerdem können Sie hierzu Begründungen einfügen.

Vernetztes Denken – oder: Warum alles mit allem zusammenhängt

Für eine umfassende Situationsanalyse genügt es keinesfalls, nur Einzelinformationen zu sammeln. Isolierte Einzelinformationen reichen für ein ganzheitliches Verständnis einfach nicht mehr aus. Man muß dazu die Wechselwirkungen zwischen den Umfeldgrößen und dem eigenen Unternehmen erkennen. Dafür eignet sich die Methode des vernetzten Denkens. *Abbildung 16* zeigt zum Beispiel ein Netzwerk für das Unternehmensziel „Kunde". In dieser Abbildung wird deutlich, daß die Zufriedenheit des Kunden nicht nur von einem einzigen Faktor – etwa der Qualität des Produktes – abhängt, sondern daß sich der Kunde in einem Feld von Einzelfaktoren (z.B. Lieferzeit, Preis, Image oder Service, um nur einige zu nennen) bewegt, die erkannt und miteinander in Relation gesetzt

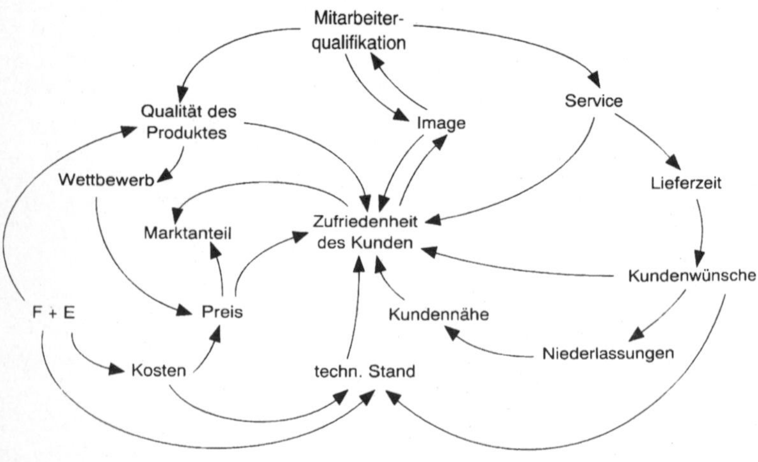

Abb. 16: Netzwerk für das Unternehmensziel „Kunde"

werden wollen. Das gleiche gilt im Prinzip für alle direkt oder indirekt am Unternehmen Beteiligten, vom Zulieferer über den Mitarbeiter bis hin zum Kunden. Die Erkenntnis des Zusammenspiels dieser Faktoren und der wirtschaftliche Erfolg gehen hier Hand in Hand.

Wer vernetzt denkt, ersetzt das bisher praktizierte Ursache-Wirkung-Denken durch ein Denken in Kreisläufen. Um richtige Strategien zu entwickeln, müssen Sie davon ausgehen, daß die Ereignisse im Unternehmensumfeld, die Konkurrenzsituation und die Prozesse im Unternehmen sich gegenseitig beeinflussen können. Vernetztes Denken hilft, Probleme umfassend zu erkennen und nicht an Symptomen zu operieren.

Netzwerke haben übrigens auch eine besondere Bedeutung für die Früherkennung von Problemen. So ist es eben nicht egal, wenn das berühmte Fahrrad in Peking umfällt bzw. beim Vertrieb Reklamationen über ein Produkt eingehen. In einem vernetzt denkenden Unternehmen werden solche Hinweise an alle Abteilungen weitergeleitet, die zur Lösung des Problems etwas beitragen können.

Das vernetzte Denken hilft, folgende häufige Fehler bei der Informationsanalyse soweit wie möglich zu vermeiden:

- Nichtberücksichtigung der Wechselwirkungen mit anderen Einflußgrößen,
- Isolierung von Situationen,
- vereinfachendes Ursache-Wirkung-Denken,
- fehlende Kreativität bei der Suche nach Chancen,
- die Suche nach Sündenböcken im Falle von Mißerfolgen,
- einzelne Mißstände zwar zu erkennen, ohne jedoch die große Entwicklungslinie wahrzunehmen.

Es empfiehlt sich, das Netzwerk im Team als gruppendynamischen Prozeß zu entwickeln. Daher ist folgendes erforderlich:

- Jeder anwesende Mitarbeiter legt seine Informationen dar.
- Diskussionen finden statt.
- Lücken im Informationsstand werden bewußtgemacht.
- Erkenntnisse werden gesammelt und an alle Beteiligten weitergeleitet.

Besonders der internen Informationspolitik kommt in vernetzt denkenden Unternehmen eine besondere Rolle zu. Denn solche Unternehmen geben den Mitarbeitern auch die Mittel an die Hand, Probleme bereits im frühen Stadium zu lösen. Doch bleiben wir im Augenblick noch bei der Frage, wie sich die komplexen Informationen aus dem Unternehmensumfeld am besten verarbeiten lassen.

Externe und interne Informationen nutzen: So bauen Sie sich ein funktionierendes Analysesystem auf

Stärken und Schwächen unterscheiden lernen

Das Informationspotential schließt sowohl die Menge als auch die Qualität aller externen und internen Informationen des Unternehmens ein, darauf wurde schon hingewiesen. Um die Ausgangsposition des Unternehmens zu verstehen, muß eine Analyse des Umfeldes und des Unternehmens zum gegenwärtigen Zeitpunkt vorgenommen werden. Nur dann können neue Strategien für die Zukunft entwickelt werden. Um den strategischen Handlungsspielraum für die Zukunft zu ermitteln, sollten sie folgendermaßen vorgehen:

1. Machen Sie eine Umfeldanalyse und machen Sie Prognosen. Hierbei werden externe Möglichkeiten, Risiken und kritische Erfolgsfaktoren ermittelt.
2. Analysieren Sie Ihr Unternehmen. Dabei werden die relativen Stärken und Schwächen bestimmt.
3. Ermitteln Sie Chancen und Marktnischen für Ihr Unternehmen. Dann gilt es, Strategien zu entwickeln, um die Vision zu verwirklichen. Dabei wird auf den bisherigen Erfolgsfaktoren des Unternehmens aufgebaut.

Die strategische Aufgabe besteht darin, die erforderliche Orientierung des Unternehmens zur Umwelt zu entwickeln. Leider spielten bisher bei vielen Unternehmen Information, Kommunikation und Informationstechnologien im Rahmen langfristiger Überlegungen nur eine geringe Rolle. Notwendig für die Gestaltung eines effizienten Informationsmanagements und die Lösung von unternehmensstrategischen Aufgaben ist die bereits erwähnte Ist-Analyse. Dazu sind folgende Bereiche zu durchlaufen:

Informationen aus dem Unternehmensumfeld

- Entwicklung der Umweltkomplexität und Dynamik,
- Informationen aus der Branche, des Markts und des Wettbewerbs,
- Informationen zur technologischen Entwicklung,
- sonstige Einflußfaktoren von außen.

Informationen über das Unternehmen

- bisherige Entwicklung und zu erwartende Zukunftsperspektive des Unternehmens,
- Stärken und Schwächen des Unternehmens,
- verfolgte Unternehmensziele und Strategien,
- organisatorische Bedingungen,
- Unterstützung der Unternehmensfunktionen durch Informationstechnologien,
- Qualität und Quantität.

Der Aufbau und die Konzeption eines Informationsmanagements macht also umfassende Analysen zur Ermittlung der betrieblichen Ausgangssituation und der Stärken und Schwächen des Unternehmens erforderlich.

Kein Unternehmen ist fähig, alle Umwelteinflüsse zu kontrollieren. Das ist auch nicht unbedingt notwendig. Den für die Umweltanalyse Verantwortlichen muß es genügen:

1. kritische Aspekte der Umweltveränderung zu identifizieren,
2. Indikatoren für die Prognosemethoden zu ermitteln,
3. Maßnahmen festzulegen, damit die Prognosen in den Planungsprozeß einbezogen werden können.

Wie groß die Menge an Informationen für die Umweltanalyse zu sein hat, kann nur individuell entschieden werden.

Zur Umweltanalyse und Umweltprognose kann auch nach folgendem Schema vorgegangen werden:

Umweltanalyse und Umweltprognose

Die Analyse der politischen, gesellschaftlichen, wirtschaftlichen und technischen Entwicklung

- Internationale und nationale Wirtschaftsstrukturen und -politiken,
- Eingriffe des Staates in die Wirtschaft, Gesetzgebung,
- gesellschaftliche Entwicklungen wie Bevölkerungswachstum, Altersstruktur, Umweltschutz,
- Wirtschaftsentwicklung wie Inflation, Pro-Kopf-Einkommen, Gehaltsentwicklung, allgemeine Situation der Wirtschaft,
- technische Entwicklungen, die einen Einfluß auf das Aktivitätsfeld des Unternehmens haben,
- Wertewandel (z.B. ökologisches Bewußtsein, Höherbewertung der Freizeit etc.),

usw.

Die Analyse der Branche

- Situation auf dem Angebotssektor,
- Angebote von Produkten und Dienstleistungen,
- Materialkosten, Produktionskosten,
- Sicherung der Rohstoffe,
- Auslastung der Kapazitäten,
- Beschäftigungssituation,
- Absprachen,
- Verhalten der Lieferanten,
- Verhandlungsstärke der Lieferanten,
- Vertriebssysteme,

usw.

Die Situation auf dem Nachfragesektor

- Nachfrage nach Produkten und Dienstleistungen,
- Stabilität in der Nachfrage,
- Marktvolumen,
- Kundenstruktur,

- Kundenbedürfnis,
- Situation im Produktlebenszyklus (Entstehungs-, Wachstums-, Reife- und Sättigungsphase),
- Kundenerfahrung,
- Probleme des Kunden,
- Aktivitäten der Abnehmer,

usw.

Die Wettbewerbssituation

- Anzahl der Wettbewerber,
- Unternehmensgröße und finanzielle Möglichkeiten der Wettbewerber,
- Bereiche der Erfahrung,
- Organisation,
- Aktivitäten der Branchenführer,
- Finanzkapital,
- Gewinnsituation,
- Aktivitäten der Wettbewerber,
- kritische Erfolgsfaktoren,

usw.

Die Analyse der Position des Unternehmens in der Branche

- Qualität der Produkte und Dienstleistungen,
- Innovationspotential,
- Analyse der Qualitäten, der Produkte der Konkurrenz,
- Stärken-Schwächenanalyse in bezug auf den wichtigsten Konkurrenten,
- Effizienz der Produktion,
- Strategien der Konkurrenz,
- Kostensituation im Verhältnis zum Wettbewerb,
- Patente, Lizenzen,
- Besondere Erfahrungen,
- Kundendienst,
- Service,

usw.

Die Tabellen der *Abbildungen 17* und *18* von Seite 69 und 70 helfen Ihnen bei der Analyse der relevanten Umwelt- und Absatzmarktinformationen.

Die Tabellen der *Abbildungen 19* und *20* von Seite 71 und 72 geben Unterstützung bei der Analyse der Branchenstruktur und der Wettbewerbsinformationen.

In alle Tabellen sollten Sic eintragen, ob die jeweiligen Informationen eine schwache oder starke Bedeutung für die kritischen Erfolgsfaktoren haben und ob Handlungsbedarf vorliegt. Zu den kritischen Erfolgsfaktoren erfahren Sie noch mehr ab Seite 73.

Auf eine Analyse der Wettbewerbssituation wird auf Seite 74 eingegangen.

Abb. 17

Analyse relevanter Umweltinformationen

Information über die Umweltentwicklung	Information liegt vor		Gehalt der Information			Bedeutung der Information für den Wettbewerbserfolg			Bedeutung der Information für die KEF*		Handlungs-notwendigkeit	
	ja	nein	gering	mittel	groß	gering	mittel	groß	schwach	stark	jetzt	künftig
●Welche gesellschaftlichen Trends entwickeln sich?												
- Trends zur Informationsgesellschaft												
- Arbeitszeitverkürzung												
- Trends zur Freizeitgestaltung												
●Welcher Wertewandel zeichnet sich ab?												
- Technologiefeindlichkeit												
- Neubewertung traditioneller Wertehaltungen												
- Ökologiebewußtsein												
- Gesundheits- und Fitneßwelle												
●Welche demographischen Entwicklungen zeichnen sich ab?												
- Bevölkerungsstruktur												
- Einkommensverteilung												
- Altersstruktur der Menschen												
●Welche technischen und Produktentwicklungen zeichnen sich ab?												
●Wie entwickelt sich die Wirtschaft?												
- Welche Informationen sind dafür nötig?												

* KEF = kritische Erfolgsfaktoren

Analyse der Absatzmarktinformationen

Informationen des Marktes	Information liegt vor		Gehalt der Information			Bedeutung der Information für den Absatz			Bedeutung der Information für die KEF*		Handlungs-notwendigkeit	
	ja	nein	gering	mittel	groß	gering	mittel	groß	schwach	stark	jetzt	künftig
● Marktanteil												
● Lebenszyklus des Produkts												
● Phasen des Lebenszyklus des Produktes												
● Marktanteile												
● Marktsituation												
● Kundenstruktur												
● Kaufmotive des Kunden												
● Bedürfnisse des Kunden												
● Produktakzeptanz												
● Absatzorganisation												
● Probleme des Kunden nach dessen Aussagen												
● Einbeziehung der Abnehmer in die Produktentwicklung												
- Analyse der Kundenprobleme												
● Erfahrung des Kunden												

*KEF = kritische Erfolgsfaktoren

Abb. 18

Analyse der Branchenstrukturinformationen

Information über die Branche	Information liegt vor		Gehalt der Information			Bedeutung der Information für die Branche			Bedeutung der Information für die KEF*		Handlungs-notwendigkeit	
	ja	nein	gering	mittel	groß	gering	mittel	groß	schwach	stark	jetzt	künftig
Welche Information gibt es hinsichtlich der Branchensituation?												
● Beschäftigungssituation												
- Auslastung der Kapazitäten												
● Struktur der Branche												
- Anbieterzahl												
- Lieferanten												
- Absprachen												
● Erfolgsfaktoren												
- Qualität												
- Beratung												
- Lieferfristen												
- Service												
- Preis												
-												

*KEF = kritische Erfolgsfaktoren

Abb. 19

Analyse der Wettbewerbsinformationen

Informationen über den Wettbewerb	Information liegt vor		Gehalt der Information			Bedeutung der Information für die Wettbewerbsposition			Bedeutung der Information für die KEF*		Handlungs-notwendigkeit	
	ja	nein	gering	mittel	groß	gering	mittel	groß	schwach	stark	jetzt	künftig
● Neue Marktteilnehmer												
- Eintritt neuer Marktteilnehmer												
- Entwicklungszeit des Produktes												
- Lebenszyklus des Produktes												
- Patentanmeldungen												
- Innovationsstrategie des Wettbewerbs												
● Substitute												
- Aufkommen von Substituten												
- Entwicklungszeit												
- Patentanmeldungen												
- Innovationsstrategien des Wettbewerbs												
● Vorteile des Wettbewerbs												
● Nachteile des Wettbewerbs												
● Strategien des Wettbewerbs												
● Kosten und Gewinne des Wettbewerbs												
● Finanzierungskapital												
● Wettbewerbsintensität												
- abnehmende Produktdifferenzierung												
- Anstieg der Kapitalbindung												

Abb. 20

*KEF = kritische Erfolgsfaktoren

Die kritischen Erfolgsfaktoren

Die Unternehmensanalyse zeigt, welche Chancen und Gefahren für ein Unternehmen existieren. Sinn der Unternehmensanalyse ist es, festzustellen, wie sich das Unternehmen mit seinen Stärken und Schwächen auf die Chancen und Gefahren des Marktes einstellen kann und was verbessert werden muß. Nur wenn die kritischen Erfolgsfaktoren identifiziert sind, läßt sich das Stärken-Schwächen-Potential eines Unternehmens ermitteln. Kritische Erfolgsfaktoren sind zum Beispiel:

- die Qualität des Produktes,
- der Absatzmarkt und die Marktanteile,
- die Versorgung mit Rohstoffen und Energie,
- die Kostensituation,
- die Produktivität,
- die Innovationskraft,
- die Finanzkraft.

Folgende Fragen helfen Ihnen, die kritischen Erfolgsfaktoren Ihres Unternehmens zu bestimmen:

Ermittlung der kritischen Erfolgsfaktoren:

1. Welche Faktoren bestimmen den Erfolg unseres Unternehmens in der Branche?
2. Welche Faktoren führen zu einer schlechteren Position im Wettbewerb?

Auf die Erfolgsfaktoren wird im folgenden Abschnitt noch näher eingegangen.

Wird die Situation des eigenen Unternehmens mit dem stärksten Wettbewerber verglichen, so ergibt sich aus dem Vergleich eine Stärke oder Schwäche hinsichtlich der Erfolgsfaktoren.

Stärken und Schwächen sind also immer relative Größen, die im Hinblick auf die Konkurrenz aber von entscheidender Bedeutung sind. *Abbildung 21* zeigt ein Stärken-Schwächen-Profil eines Unternehmens, von dem ausgehend auch Sie sich überlegen sollten, wie das Stärken-Schwächen-Profil Ihres Unternehmens aussieht. Die Unternehmensanalyse sollten Sie in drei Schritten vornehmen:

Vorgehen zur Unternehmensanalyse

1. Ermittlung der kritischen Ressourcen, die bei gegebener Umwelt- und Wettbewerbssituation zum wirtschaftlichen Erfolg führen.
2. Identifizierung der Umstände, die zu den Stärken und Schwächen hinsichtlich der Erfolgsfaktoren führen.
3. Darstellung der Stärken und Schwächen des Unternehmens in einem Profil.

Tragen Sie nun in *Abbildung 21* Ihre eigenen Werte und die Ihres stärksten Konkurrenten ein. Sie können auch selbst ein Stärken-

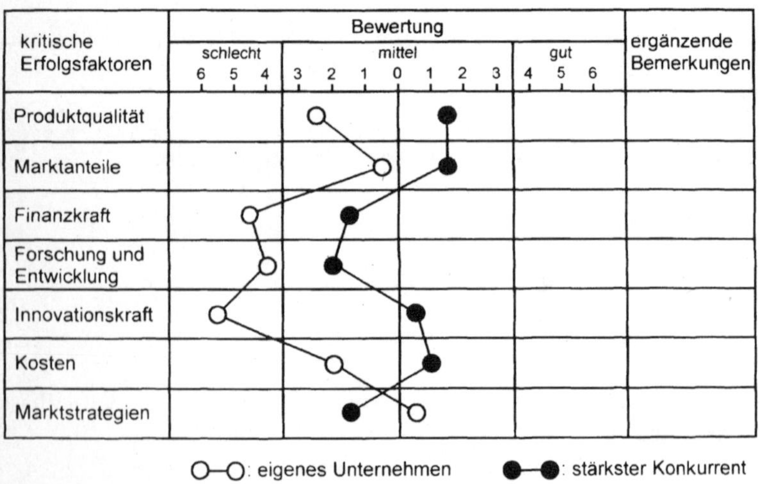

Abb. 21: Stärke-Schwächen-Profil eines Unternehmens

Schwächen-Profil erstellen, das den Gegebenheiten in Ihrer Branche oder in Ihrem Unternehmen mehr entspricht. In diesem Fall ist es sinnvoll, sich nicht nur den stärksten Konkurrenten, sondern auch mindestens die beiden nächstwichtigeren Konkurrenten mit ihren Stärken und Schwächen vor Augen zu führen. Ein solcher Vergleich ermöglicht eine wesentlich realistischere Einschätzung der Marktsituation.

Die Analyse der kritischen Erfolgsfaktoren (KEF) hat all die Faktoren und Bereiche eines Unternehmens zu erfassen, die für den Erfolg besonders wichtig sind. Die kritischen Erfolgsfaktoren helfen, wichtige Aspekte von unwichtigen zu trennen und eine Konzentration der Kräfte auf die entscheidenden Bereiche zu ermöglichen. Diese Analyse identifiziert alle Tatbestände und Bereiche, die besonders erfolgskritisch und für das Erreichen der gesetzten Ziele erforderlich sind.

Wie schon erwähnt, leiten sich die kritischen Erfolgsfaktoren von der Unternehmensumwelt, von der Branche, den Fähigkeiten und der Vision der Unternehmensführung ab. Für die Identifikation und Analyse der kritischen Erfolgsfaktoren empfiehlt sich folgende Vorgehensweise:

Identifikation und Analyse kritischer Erfolgsfaktoren

Vision

↓

Analyse des Umfelds und der Unternehmenssituation

↓

Analyse der operativen und strategischen Zielsetzung

↓

Ableitung der kritischen Erfolgsfaktoren

↓

Ableitung von Meßkriterien, die angeben, in welchem Grad die identifizierten Erfolgsfaktoren erfüllt werden

↓

Ermittlung des relevanten Informationsbedarfs zur Überwachung der Meßkriterien

Es empfiehlt sich, die kritischen Erfolgsfaktoren im Rahmen eines firmeninternen Workshops oder von Gruppensitzungen zu bestimmen. Dazu müssen die strategischen und operativen Zielsetzungen bekannt sein. Danach können die kritischen Erfolgsfaktoren identifiziert werden, die für das Erreichen der Ziele relevant sind.

Folgende Fragen helfen, die kritischen Erfolgsfaktoren zu ermitteln:

- Wo sehen wir die größten Chancen für unser Unternehmen?
- Was sind zur Zeit die größten Probleme für unser Unternehmen?
- Welche externen Faktoren wie etwa politische Rahmenbedingungen, internationale Märkte usw. sind für das Erreichen unserer Unternehmensziele besonders wichtig?
- In welchen Bereichen wirken sich Fehler jetzt und in Zukunft am schnellsten und am stärksten aus?

- Welche Faktoren wie Lieferzeiten, Auftragseingang, Lagerbestand sind für uns besonders wichtig?
- Welche Faktoren sind für den Erhalt unserer derzeitigen Position im Wettbewerb nötig?
- Welche Faktoren müssen erfüllt sein, um unsere Position im Wettbewerb zu verbessern?
- Welche Herausforderungen ergeben sich für unser Unternehmen bezüglich der Art der Produkte oder der Dienstleistungen?
- Welche Probleme ergeben sich aus unserer derzeitigen Marktstellung?
- Welche Probleme ergeben sich aus unserer derzeitigen Marktstrategie?
- Vor welchen wichtigen Problemen oder Aufgaben steht unser Unternehmen zur Zeit?

Abbildung 22 zeigt Beispiele für Erfolgsfaktoren in einzelnen Bereichen eines Unternehmens. *Abbildung 23* ist ein Formblatt zum Eintragen der kritischen Erfolgsfaktoren, der Meßkriterien dafür und der Position des Unternehmens im Wettbewerb.

Die kritischen Erfolgsfaktoren helfen dabei, besonders relevante Bereiche regelmäßig zu überprüfen. Dazu müssen aber auch praktikable Kriterien für die Überwachung der kritischen Erfolgsfaktoren ermittelt werden (Tests der Produktqualität etc.). Da sich die Umwelt im schnellen Tempo ändert, müssen im Halbjahresabstand *alle* Erfolgsfaktoren auf den Prüfstand. Natürlich ergibt sich dabei vielleicht die Notwendigkeit, einen Erfolgsfaktor durch einen anderen zu ersetzen. Doch ist dies insgesamt wünschenswerter, als von Erfolgsfaktoren auszugehen, die vielleicht keine mehr sind.

Zusammenfassend kann man sagen, daß die Methode der kritischen Erfolgsfaktoren ein effektives Hilfsmittel für die Gestaltung des Informationsmanagements und der internen Kommunikation ist. Sie verhindert eine kostspielige Erfassung von irrelevanten Daten. Außerdem wird die interne Kommunikation verbessert, da in den Workshops die Zielgrößen gemeinsam abgeleitet wurden und so Mißverständnisse vermieden werden. Die kritischen Erfolgsfaktoren unterstützen viele betriebswirtschaftliche Funktionen wie etwa die Planung und das Controlling.

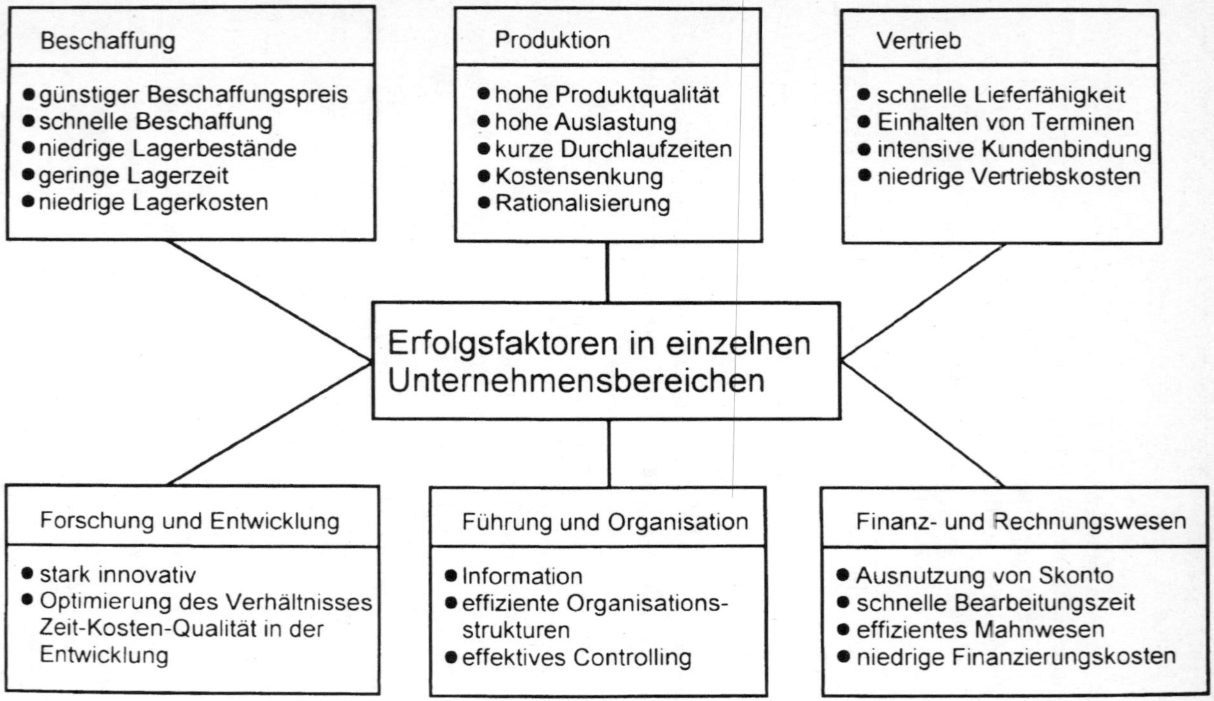

Abb. 22: Beispiele für Erfolgsfaktoren in Unternehmen

Analyse der kritischen Erfolgsfaktoren des Unternehmens

Priorität	Kritische Erfolgsfaktoren (KEF) des Unternehmens	Meßkriterien oder Indikatoren für die KEF	Position zum Wettbewerb		
			stark	mittel	schwach
1					
2					
3					
4					
5					
6					
7					

Abb. 23

Die Szenariotechnik

Um die Chancen und Risiken einer Vision oder der damit verbundenen Innovation festzustellen, ist es wichtig, die günstigsten und ungünstigsten Auswirkungen von Entscheidungen vorab zu ermitteln. Alle Faktoren, die über Erfolg und Mißerfolg entscheiden, sind zu bestimmen. Außerdem muß ein grober Zeitplan für die Realisierung der Vision erarbeitet werden.

Daneben müssen die Einflüsse erkannt werden, die ein Ereignis auf andere Ereignisse haben kann. Gehen Sie dazu in den folgenden vier Schritten vor.

1. Schritt

Legen Sie die Einflußbereiche auf das Untersuchungsfeld fest. Sammeln Sie die Einflußfaktoren, bewerten Sie die Stärke der Einflußfaktoren, erarbeiten Sie die gegenseitigen Abhängigkeiten.

2. Schritt

Projizieren Sie den Istzustand auf Ihre Vision. Bauen Sie die Prognosen und das Wissen von Experten in Ihre Betrachtungen mit ein. Unterscheiden Sie Trends nach Risikoklassen.

3. Schritt

Gehen Sie bei der Bewertung der zukünftigen Entwicklungen von unterschiedlichen Annahmen aus. *Abbildung 24* zeigt ein Trendszenario, ein Szenario für den besten und ein Szenario für den schlechtesten Fall. Machen Sie sich Gedanken, wie die Veränderungen eines Faktors alle anderen Faktoren beeinflussen können. Vermögen Sie in Ihrem Szenario bei entstehenden Störungen Korrekturen anzubringen?

4. Schritt

Leiten Sie praktische Konsequenzen ab. Welche Aktivitäten gilt es zu entwickeln? Erforderlich ist der Aufbau eines Frühwarnsystems, eine laufende Überprüfung der Annahmen und die Anpassung des Modells.

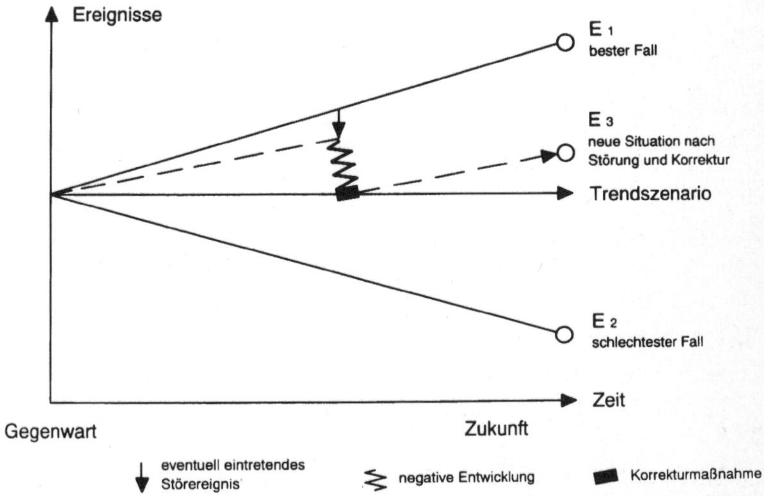

Abb. 24: Die Szenariotechnik
Szenario: Bild einer denkbaren, zukünftigen Situation

Die Entwicklungsphasen von Produkten, Dienstleistungen und anderen Nutzenpotentialen

Die Nachfrage nach einem Produkt oder einer Dienstleistung wächst nicht ständig und nähert sich auch keinem feststehenden Endwert. Nicht nur Produkte und Dienstleistungen, sondern alle Nutzenpotentiale haben eine Phase der Entstehung und des Wachstums bis zum Höhepunkt und erreichen dann die Phase des Abfalls (siehe *Abbildung 25*). Noch vor der Phase des Niedergangs des Produktes A beginnt bereits die Nachfrage nach einem Produkt B, das das Produkt A verdrängt. *Abbildung 26* zeigt den Zusammenhang zwischen Aufwand und Leistung von Produkt I und Produkt II. Im Übergangsbereich endet die Nutzendauer von Produkt I und

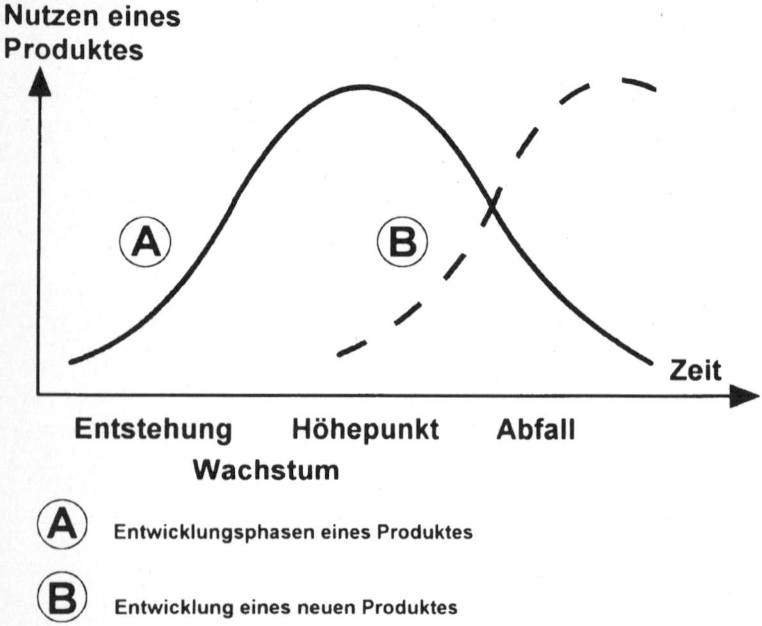

Abb. 25: Nutzen von Produkt A und Produkt B in Abhängigkeit von der Zeit

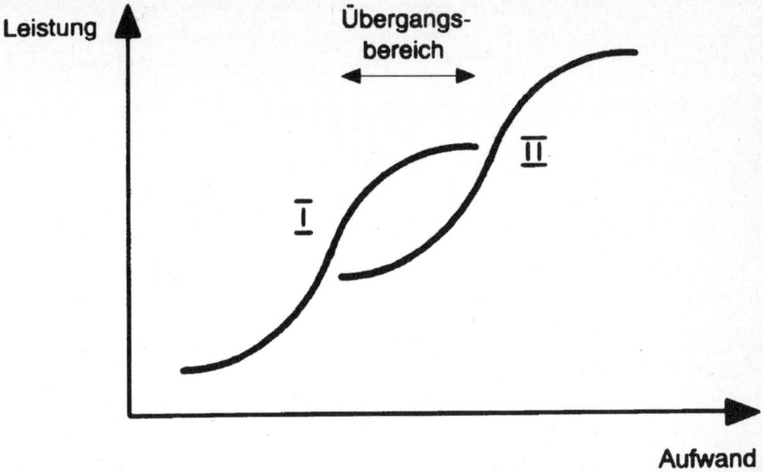

Abb. 26: Ablösung von Produkt I durch Produkt II

die von Produkt II beginnt. In dieser kritischen Phase ereignen sich die meisten Firmenzusammenbrüche, wenn ein Unternehmen nicht selbst Produkt I durch Produkt II ersetzt und das Unternehmen durch den mangelnden Verkauf ohne Umsätze dasteht.

Die dargestellten Kurven gelten nicht genau gleich für jedes Nutzenpotential, doch der grundsätzliche Verlauf bleibt erhalten. Die Aussage betrifft auch den zeitlichen Verlauf von internen Nutzenpotentialen des Unternehmens. In der Entstehungsphase eines Nutzenpotentials, etwa eines Produktes, wird mit relativ viel Aufwand nur ein kleiner Nutzen erreicht. Das ändert sich, wenn das Produkt in die Wachstumsphase gelangt. Jetzt machen sich die Erfahrungen des Unternehmens positiv bemerkbar. Mit kleinen Aufwandssteigerungen werden große Leistungen erreicht. Nachdem der Höhepunkt erreicht ist, beginnt der Niedergang, der durch Veränderungen am Markt bedingt ist.

Die zu dem Nutzenpotential gehörige Gewinnkurve verläuft ähnlich. Das Erreichen der Gewinnzone erfolgt fast immer erst in der Wachstumsphase, wie *Abbildung 27* zeigt, denn in der Entwicklungsphase sind viele Vorleistungen zu erbringen.

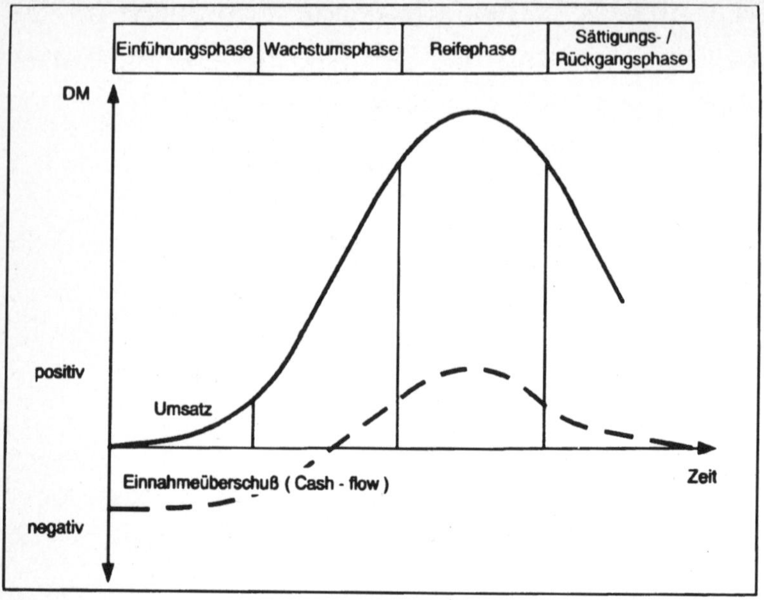

Abb. 27: Umsatz und Einnahmeüberschuß in Abhängigkeit von der Zeit

Für Sie ist deshalb die Beantwortung folgender Fragen wichtig:

1. In welcher Phase der Entwicklung des Nutzenpotentials befinden sich unser Unternehmen und/oder unsere Produkte?
2. In welcher Phase befinden sich unsere internen Nutzenpotentiale?

Als Konsequenz ergibt sich daraus für Sie:

1. Der Nutzen von Produkten und Dienstleistungen sollte in der Wachstums- und Reifephase voll ausgeschöpft werden.
2. Arbeiten Sie immer an neuen Produkten und Dienstleistungen, damit Sie immer mit Neuerungen auf den Markt kommen können.
3. Vermeiden Sie Durststrecken, die sich durch verspätete Produkteinführung ergeben.

Wie Sie das Informationssystempotential besser ausschöpfen und das Informationsmanagement gestalten

Was ist zu tun, um ein praxisorientiertes Informationssystem (IS) und Informationsmanagement (IM) aufzubauen? Die folgende Zusammenstellung gibt Ihnen dazu ein 14-Punkte-Programm.

Das 14-Punkte-Programm

1. Entwickeln Sie Ihr eigenes Erfolgsprogramm für das Informationssystem. Identifizieren Sie dazu die Erfolgsbereiche und die kritischen Erfolgsfaktoren (KEF) (siehe dazu auch Seite 79).
2. Machen Sie die KEF's meßbar. Setzen Sie Sonden in die Erfolgsbereiche. Ermitteln Sie schwache Erfolgssignale, wenn sich etwas ändert. Entwickeln Sie so Ihr eigenes Steuersystem. Achten Sie darauf, daß der Grenznutzen immer größer ist als die Grenzkosten.
3. Bejahen Sie die Informationssystemplanung, aber auch die operative und die strategische Planung.
4. Setzen Sie Standards, ziehen Sie Soll-Ist-Vergleiche.
5. Minimieren Sie die Kosten, und maximieren Sie den Nutzen.
6. Holen Sie sich die Information, die Sie benötigen. Informieren Sie sich, und halten Sie sich auf dem laufenden. Was entwickelt sich und in welche Richtung? Was sind die technischen Trends, und was bedeuten sie für Ihr Unternehmen?
7. Untersuchen Sie Ihr Informationssystem auf zuviel Muß und zuwenig Soll.
8. Nutzen Sie die Information als produktiven Faktor.
9. Bestimmen Sie die Informationsintensität von Produkten, Dienstleistungen, Produktions- und Geschäftsprozessen. So erkennen Sie die strategische Bedeutung der Informationen und der Informationstechnologie für Ihr Unternehmen.
10. Motivieren Sie Ihre Mitarbeiter zum effektiven Umgang mit Informationen.
11. Verbessern Sie die Informationsflüsse im Unternehmen.

12. Nehmen Sie eine effektivere Nutzung bzw. Erweiterung der Informationstechnologie vor.
13. Verfolgen Sie die Branchen- und Wettbewerbsposition Ihres Unternehmens.
14. Das Informationsmanagement bedarf der aktiven Unterstützung durch die Geschäftsleitung. Nur ein Machtpromotor vermag den erforderlichen Druck zur Einführung eines Informationsmanagements zu entwickeln.

Chancen,
die Grundlage für den Erfolg

Wo entdecken Sie Chancen?

Erfolgreiche Unternehmen beschränken sich nicht darauf, Bestehendes zu verbessern oder leicht zu verändern. Sie versuchen, ganz neue Werte zu schaffen. Hierbei ist es der Wandel, der immer eine Chance für etwas Neues oder anderes bietet.

In diesem Zusammenhang ist es interessant, die Lebenszyklen von Produkten vor 50 Jahren mit den Lebenszyklen der Produkte heute zu vergleichen. So sank der Lebenszyklus von Lebensmittelprodukten von 20 auf fünf Jahre. Der Lebenszyklus von Werkzeugen veränderte sich von 16 auf vier Jahre. Und der Lebenszyklus von Kosmetika verkürzte sich von elf auf gerade noch einmal drei Jahre.

Sehr schädlich für den Erfolg eines Produktes wirkt es sich aus, wenn es zu spät auf den Markt gebracht wird. So ergaben Untersuchungen, daß eine Überschreitung der Entwicklungsdauer um sechs Monate und der damit verbundene verspätete Markteintritt etwa 30 Prozent des ursprünglich kalkulierten Ertrags des Produktes kostet.

Daher ist es notwendig, Chancen rechtzeitig zu erkennen. Es gibt viele Beispiele für Chancen, die Unternehmen nicht erkannt haben. So lehnte zum Beispiel die Western Company das Angebot von Graham Bell ab, der dem Unternehmen wegen Geldschwierigkeiten die gesamten Telefonpatente zum Verkauf anbot. – Eine aus heutiger Sicht unverzeihliche Fehlentscheidung.

Das Schweizer Unternehmen Hoffman la Roche kaufte von verschiedenen Pharmaunternehmen die Lizenzen für Antibiotika für den Tierbereich auf. Da die deutschen Pharmaunternehmen gleichsam einen blinden Fleck auf dem Auge hatten und sich scheuten, Antibiotika für Tiere einzusetzen, gingen die Lizenzen zu sehr geringen Kosten an die Schweizer. Heute bringen die Arzneimittel für den Veterinärbereich dem Schweizer Unternehmen hohe Gewinne ein, und an dem Geschäft haben die Entwickler der Medikamente keinen Anteil.

Hier eine Übersicht zu Möglichkeiten, die Chancen schaffen:

1. Lösungen bekannter Probleme: Hierbei wird ein bestimmtes Ziel auf elegantere und produktivere Art erreicht als bisher.
2. Wertewandel, Veränderungen in den Gewohnheiten und den Emotionen der Menschen.
3. Veränderungen im Freizeitverhalten der Menschen.
4. Veränderungen in der Gesetzgebung, in den Normen und den Ressourcen.
5. Veränderungen zum Schutz und Erhalt der Umwelt.
6. Demographische Veränderungen: Das sind Veränderungen in den Bevölkerungszahlen, in der Altersstruktur, im Beschäftigungs-, Bildungs- und Einkommensniveau.
7. Neue Technologien und wissenschaftlicher Fortschritt, Verfahrensverbesserungen.
8. Eine neue Sicht der Wirklichkeit.
9. Erfindungen, die einen bestimmten Bedarf geschaffen haben (zum Beispiel die Kommunikation per ,,Handy'').

Hier zu jedem der genannten Gebiete ein Beispiel:

1. Lösungen bekannter Probleme

Beim Tippen mit der Schreibmaschine stellen sich gelegentlich Tippfehler im Text ein. Um den Fehler zu korrigieren, also den falschen Buchstaben zu entfernen, wurden in der Vergangenheit Kratzer, Klingen oder Radierer verwendet. Viele Jahre konnte niemand das Problem befriedigend lösen: ,,Wie entfernt man den falschen Buchstaben vom Papier?'' Ein kreativer Kopf löste schließlich das Problem auf ganz neue Art. Er stellte sich die Frage: ,,Was ist zu tun, um den vertippten Buchstaben nicht mehr zu sehen?'' Das Ergebnis war das Tipp-Ex.

2. Wertewandel, Veränderungen in Gewohnheiten und Emotionen der Menschen

Die Trends in diesem Bereich gingen in den letzten Jahren in folgende Richtungen:

- Sehnsucht nach Ich-Entfaltung und Persönlichkeitswachstum,
- Ende der einseitigen Bevorzugung der Rationalität; die Tendenz geht zur Betonung von Intuition und Emotion,
- Zunahme der Eigeninteressen,
- Sehnsucht nach immer neuen Erlebnissen.

Der Wertewandel führt auch dazu, daß Unternehmen neue Wege gehen müssen, um das Potential ihrer Mitarbeiter und Kunden zu erschließen.

Es gibt inzwischen viele Kundenbedürfnisse, und es besteht ein Trend zu mehr Differenzierung. Der Kunde will im Kaufverhalten seine Individualität demonstrieren und von den Standardentscheidungen anderer Kunden abweichen. Außerdem wird der Bedarf immer instabiler und fließender. Das Verhalten von Kunden entwickelt sich zu einer offenen Orientierung. Die Zunahme an Veränderungen macht das Leben lebendiger. Da sich das Konsumentenverhalten immer schneller ändert, versagen die klassischen Methoden des Marketing immer öfter.

3. Veränderungen im Freizeitverhalten der Menschen

Viele Impulse für gesellschaftliche Veränderungen kommen aus der Freizeitkultur. Immer mehr technischer Fortschritt fließt in Freizeitprodukte. Die Freizeitkultur ist dabei, einen Quantensprung vorzunehmen.

Früher wurde die Freizeitkultur überwiegend von traditionellen Aktivitäten in der Familie beherrscht.

Heute suchen die Menschen in der Freizeit nach möglichst vielen und möglichst starken neuen Reizen. Immer mehr Menschen wollen in ihrer Freizeit bis dahin noch nicht erlebte Wirklichkeiten erfahren. Manch einer spricht heute sogar bereits vom Freizeitpark Deutschland und meint damit, daß für viele Menschen die Freizeit wichtiger geworden ist als die Arbeit.

4. Veränderungen in der Gesetzgebung, in den Normen und Ressourcen

Neue Gesetze, wie zum Beispiel Gesetze über die Reinerhaltung der Luft, Qualitätsnormen und Vorschriften zur Material- und Produktkontrolle schaffen Chancen für neue wirtschaftliche Aktivitäten.

Ressourcenverschiebungen zeigen sich in der Verknappung von Rohstoffen. Solche oft politisch bedingten Verknappungen ergaben sich beim Rohöl während der Nahostkrise und bei der Bildung der OPEC, um nur zwei Beispiele zu nennen.

5. Schutz und Erhalt der Umwelt

Das Waldsterben, die Verschmutzung der Luft und der Meere, der Treibhauseffekt, die Gefahren von Atomreaktoren und der chemischen Großindustrie rücken immer mehr ins Bewußtsein der Menschen und stellen wirtschaftliche Potentiale dar, die innovativ zu nutzen sind. Unternehmungen, die sich solchen Herausforderungen stellen, haben auch ein positives Image. Imagegewinne werden auch dadurch erzielt, daß manche Unternehmen vorbildhaft die Umwelt schützen. Ein Beispiel dafür ist das Schweizer Unternehmen Häring in Basel, das zur Umwelterhaltung eine große Fläche Regenwaldes in Belize kaufte.

6. Demographische Veränderungen

Demographische Veränderungen sind langfristig auch für viele Unternehmen von Bedeutung.

Bevor sich demographische Veränderungen auswirken, gibt es sogenannte Vorlaufzeiten. So vergehen sechs Jahre, bis die Neugeborenen Kindergärten, Spielplätze, Schulen und Lehrer benötigen. Etwa 15 Jahre vergehen, bis diese Kinder als Kunden in Erscheinung treten werden. Etwa 20 Jahre vergehen, bis die Neugeborenen auf den Arbeitsmarkt drängen.

Die Altersverteilung der Bevölkerung ist ebenfalls von großer Bedeutung. In den Industrieländern wächst die Zahl der älteren Menschen über 70 stark an. Welche Werthaltungen und welche Wünsche gibt es in dieser Altersgruppe? Die Beantwortung dieser Frage ist wichtig, weil diese Bevölkerungsgruppe eine große Kaufkraft hat.

Andererseits gibt es inzwischen auch Unternehmen, die das Potential ihrer älteren ausgeschiedenen Mitarbeiter nutzen. So etwa das Schweizer Unternehmen Häring, das sich von einer firmeninternen Stiftung beraten läßt, in der ausschließlich ältere in Pension gegangene Spitzenkräfte Spezialaufgaben lösen. Eine Chance für jedes Unternehmen, das Jahrzehnte umfassende Know-how älterer Mitarbeiter zum eigenen Vorteil zu nutzen.

Tatsache ist: Wer bereit ist, Fragen zu stellen, richtig zuzuhören und sich auf die Wünsche der Menschen einzustellen, dem bieten demographische Veränderungen eine große Chance, durch innovatives Handeln erfolgreich zu werden.

7. Neue Technologien und wissenschaftlicher Fortschritt, Verfahrensverbesserungen

Verfahrensverbesserungen haben das Ziel, ein bereits bestehendes Verfahren zu verbessern.

Dafür ein Beispiel aus der Fotografie: Für die meisten Fotografen ist es sehr schwer, exakte Scharfeinstellungen am Objektiv dann vorzunehmen, wenn die zu fotografierenden Objekte in Bewegung sind. Diese Aufnahme übernimmt heute ein Scharfeinstellungssystem an der Kamera, das dem menschlichen Auge an Schnelligkeit und Exaktheit überlegen ist.

Produktinnovationen haben dann eine besonders große Erfolgschance, wenn sie in enger Zusammenarbeit mit dem Kunden erfolgen. Hierbei wird ein existierendes Marktpotential mit einem verbesserten neuen Produkt erschlossen.

8. Eine neue Sicht der Wirklichkeit

Der bereits erwähnte Erfolg der Schweizer Pharmazieunternehmen auf dem Gebiet der Tiermedizin ist dafür ein Beispiel. Denn obwohl sich zum Beispiel die Antibiotika hervorragend zur Behandlung von erkrankten Tieren eigneten, waren die deutschen Pharmaziehersteller nicht bereit, diese neue Erkenntnis für sich zu nutzen. Für sie war es undenkbar, für Menschen entwickelte Arzneimittel auch für Tiere einzusetzen.

Ein anderes Beispiel gibt es auf dem Kunststoffsektor. Du Pont in den USA begann erst Mitte der 20er Jahre auf dem Gebiet der Polymerchemie aktiv zu werden. Zu Anfang stellten sich keine positiven Ergebnisse ein. Im Jahre 1928 ereignete sich folgendes: Ein Assistent vergaß, einen Brenner über das Wochenende auszuschalten. Am Montag stellte sein Vorgesetzter W.H. Carothers fest, daß das im Kessel befindliche Material zu Fasern verwandelt war. Dasselbe Mißgeschick beim gleichen Prozeß war auch bei deutschen Chemieunternehmen aufgetreten, die schon Jahre vorher auf dem Gebiet der Polymerchemie tätig gewesen waren und auch nach einer polymerisierten Faser forschten. Da das Zufallsprodukt nicht als Experiment geplant war, wurde es in Deutschland zum Abfall geworfen. Carothers dagegen widmete diesem „Abfall" seine Aufmerksamkeit. In wenigen Jahren gelang es ihm und seinen Mitarbeitern, dieses Produkt systematisch herzustellen, das den Namen Nylon erhielt.

Der Erfinder der Arztplakette, Thiele, machte seine Erfindung, als er mit einer starken Erkältung krank im Bett lag. Der Zeitpunkt des angekündigten Arztbesuchs war schon längst verstrichen. Da sah er in Gedanken, wie der Arzt vergeblich nach einem Parkplatz suchte. Plötzlich kam ihm der Gedanke an die Arztplakette, die das Parkproblem der Ärzte löste.

Thiele verkaufte die Erfindung an einen Österreicher und erhielt auch eine hohe Gewinnbeteiligung.

Mit Sicherheit konnten vorher schon viele Menschen beobachten, wie Ärzte vergeblich nach einem Parkplatz suchten. Niemand kam aber darauf, in dieser Tatsache eine Chance für ein Geschäft zu sehen und sie zu nutzen.

So sagt Arthur Schopenhauer: „Um originelle, außerordentliche, vielleicht gar unsterbliche Gedanken zu haben, ist es hinreichend, sich der Welt und den Dingen auf einige Augenblicke so gänzlich zu entfremden, daß einem die allergewöhnlichsten Gegenstände und Vorgänge als völlig neu und unbekannt erscheinen, als wodurch eben ihr wahres Wesen sich aufschließt ..."

Daher lautet die Aufgabe: bei dem, was jeder sieht, zu denken, was noch keiner gedacht hat. Dazu ein Beispiel: Anita Roddick, die Gründerin des Bodyshop-Unternehmens, einer erfolgreichen Geschäftskette für alternative Kosmetik, machte die entscheidende Beobachtung auf einer ihrer Reisen. Auf Tahiti zeigten ihr zum Beispiel Frauen, wie sie mit Kakaobutter ihre Haut pflegten. Frau Roddick war von dieser preiswerten und natürlichen Kosmetik begeistert, denn sie hatte sich schon oft darüber geärgert, daß die Kosmetikindustrie teure künstliche Produkte in aufwendiger Verpackung verkaufte. Frau Roddick entschloß sich, nur natürliche Produkte in preiswerter Verpackung anzubieten. Der Gedanke an eine alternative Kosmetik wurde also aus ihrer persönlichen Erfahrung geboren. Sie macht den Kunden auch keine unhaltbaren Versprechungen. Ihre natürlichen Produkte sollen das Haar und die Haut „reinigen, glätten und schützen" – nicht mehr und nicht weniger.

Wenn Sie die Wirklichkeit bewußt wahrnehmen, erhalten Sie Hinweise für Nutzenpotentiale, die Sie ausschöpfen können. Als zum Beispiel Arthur L. Fry ein Lesezeichen während eines Gottesdienstes mehrmals aus dem Gesangbuch fiel, kam ihm die Idee zum „Post-it".

Wie wichtig die Wahrnehmungsfähigkeit ist, zeigt auch das Beispiel von Ray Kroc, dem Firmengründer von McDonalds. Als Ray Kroc noch Milch-Shake-Maschinen verkaufte, fielen ihm die Erfolge eines Kunden auf. Dieser kaufte nämlich von Ray Kroc mehr

Milch-Shake-Maschinen, als er es nach der Größe des Geschäfts erwartet hätte. Ray Kroc wurde neugierig und beobachtete genau, was im Geschäft des älteren Besitzers vor sich ging. Der alte Mann praktizierte in seinem Laden schon weitgehend das Fast-Food-Geschäft. Kroc kaufte das Geschäft. Das weitere ist bekannt. Aus McDonalds wurde ein Unternehmen mit Milliardenumsatz.

9. Innovationen, die einen Bedarf schaffen

Hierbei werden mit völlig neuen Produkten neue Märkte aufgebaut. Beispiele für solche Unternehmer sind Steve Jobs, der Gründer von Apple Computers, und Akio Morita und Masaru Ibuka, die Gründer von Sony.

Steve Jobs und Stephan Wozwiak hatten die Idee, einen Computer für jedermann zu entwickeln. Lange Zeit glaubte die Computerindustrie nicht daran, daß eine solche Idee Zukunft habe. Inzwischen hat sich für den Apple-Computer ein großer Markt ergeben. Der Computer für jedermann hat den Großrechner verdrängt und gehört heute zum Alltag.

Auch im Falle von Sony wurde der Mut zum Neuen belohnt. Vor der Erfindung des Walkman hatte wohl kaum jemand das Bedürfnis, an einem beliebigen Ort Musik zu hören. Morita und Ibuka schafften erst ein solches Bedürfnis und hatten damit viel Erfolg.

Der Präsident von Sony, Ron Sommer, hält übrigens nicht viel davon, mit Hilfe der Marktforschung herauszufinden, was der Markt braucht. Dieses Vorgehen ist für ihn eine Methode, um aus der Vergangenheit auf die Zukunft zu extrapolieren. Ron Sommer meint, wer von seinem Bedarf ausgehe, könne nie etwas Neues kreieren und würde nur noch Bestehendes verbessern.

Da der Bedarf immer instabiler wird, ist es notwendig, das Risiko zu wagen und vor dem Bedarf innovativ aktiv zu werden. Bei der Suche nach Chancen gibt es zwei Möglichkeiten, nach denen Sie vorgehen können. Diese sind:

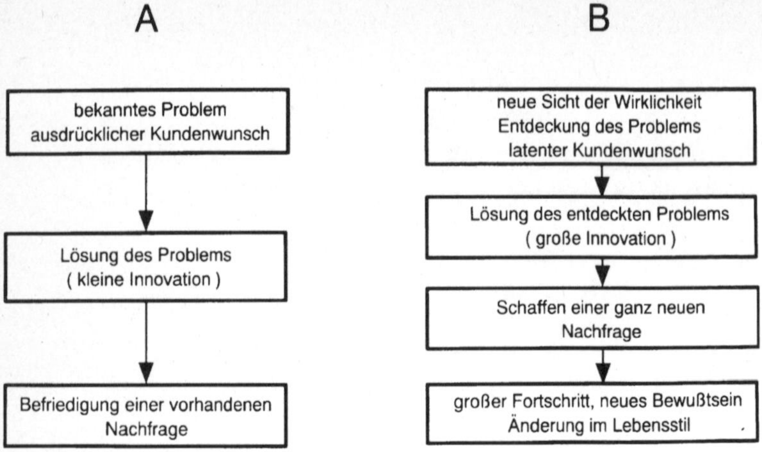

A = reaktives Verhalten bei Chancensuche
B = Zukunftsgestaltung durch Aktivierung latenter Chancen

Abb. 28: Unterschiedliches Verhalten bei der Suche nach Chancen

1. Das reaktive Verhalten bei der Chancensuche,
2. Zukunftsgestaltung durch Aktivierung latenter Chancen (siehe *Abbildung 28*).

Im reaktiven Verhalten orientieren Sie sich an einem bekannten Problem oder an einem ausdrücklichen Kundenwunsch. Die Lösung des Problems erfolgt meistens mit einer kleinen Innovation. So wird die vorhandene Nachfrage befriedigt. Zukunftsgestaltung durch Aktivierung latenter Chancen erfordert eine neue Sicht der Wirklichkeit, Sie entdecken ein Problem und einen latenten Kundenwunsch. Häufig wird durch eine große Innovation eine ganz neue Nachfrage geschaffen, die zu einem großen Fortschritt, einem neuen Bewußtsein und einer Änderung im Lebensstil führt.

Chancensuche – Probleme und Lösungen

Es gibt eine ganze Reihe von Hürden, die bei der Wahrnehmung neuer Chancen gemeistert werden müssen. Häufig nehmen Manager nicht wahr, wie die Situation im Unternehmen ist. Festgefahrene Denkmuster verhindern die Erkenntnis, wann der Erfolg eines Produktes sein Maximum überschritten hat und bereits die Auslaufphase beginnt. Man unterliegt zu leicht der Selbsttäuschung, daß der Rückgang des Absatzes nur vorübergehend ist und bald wieder eine Erhöhung eintritt. Sehen Sie sich hierzu noch einmal Seite 82 an.

Ein weiteres Problem liegt in den Informationen. Es wird immer schwieriger, aus der wachsenden Summe von Informationen die herauszufiltern, die für das Unternehmen von Bedeutung sind. Zwar verhält sich unser Bewußtsein wie ein grober Filter, doch es zeigt meistens nicht die Flexibilität, die notwendige Veränderung der Filter vorzunehmen. Und es wird deshalb immer schwieriger, die Wirklichkeit so zu sehen, wie sie tatsächlich ist. Deshalb ist das Informationsproblem in Wirklichkeit ein Bewußtseinsproblem. Hat der Mensch kein neues Bewußtsein entwickelt, ist er immer weniger in der Lage, das zu sehen, was wirklich ist.

Die Fülle ungeordneter Informationen löst häufig auch unbewußte Ängste aus. In solchen Phasen werden die alten Glaubensmuster besonders aktiv, und man glaubt daran, was man schon seit langem glaubt, weil das Alte und Vergangene das Angenehmere ist. Nur wenn es gelingt, die Informationen von einer höheren Warte aus zu bewerten – diese Funktion nimmt die Vision ein –, ist es möglich, aus Informationen ein handlungsgerechtes Wissen zu schaffen. Halten wir fest:

> Die Vision erweitert die Kanäle Ihrer Wahrnehmung. Die Vision hilft Ihnen, die Informationen aufzunehmen, die zu ihrer Realisierung notwendig sind.

Die Hoffnung vieler Menschen besteht darin, daß der Computer die Muster hinter den vielen Informationen erkennen kann, die uns ständig erreichen. Untersuchungen haben aber gezeigt, daß eine computergesteuerte Informationsverarbeitung die Probleme auch nicht löst. Denn was zur Information gemacht wird, hängt ab von den Werten, den Vorgaben und den Emotionen der Menschen. Und wer eine Information emotional nicht aushalten kann, der wird sie auch nicht zulassen. Der Computer kann also auch dort nicht helfen, wo die eigentliche Schwierigkeit liegt. Denn die emotionalen Muster steuern die kognitiven Prozesse.

Man muß also auf der Hut sein, nicht zum Opfer der eigenen Wahrnehmung zu werden. Die eigenen geistigen Programme entscheiden über die Qualität der Wahrnehmung. Und diese lenkt die Verarbeitung von Informationen. Was nicht wahrgenommen werden kann oder will, was also nicht ins Bewußtsein gelangt, das kann auch nicht als Information verarbeitet werden. (Und wehe demjenigen, der uns mit der Nase auf Mißstände stößt, wenn wir nicht bereit sind, sie zu sehen...)

Der Weg zur objektiven Informationsverarbeitung ist nicht einfach. Sie ist nur dann möglich, wenn man lernt, sein Bewußtsein zu steuern und eine Art überwachendes Bewußtsein des eigenen Bewußtseins zu entwickeln. Beim reagierenden Denken ordnen und analysieren wir die Informationen, die uns vorgegeben sind. Beim vorausschauenden Denken müssen wir die Informationen erst aufspüren und in einen Zusammenhang bringen. Wie man das am besten macht, erfahren Sie ab Seite 45. Die Vision hilft dabei, ist der Suchstrahl, mit dem die Wirklichkeit erforscht wird.

Beschäftigen wir uns in diesem Abschnitt weiter mit den Hindernissen bei der Chancensuche. Die Tendenz, lieber auf Situationen zu reagieren, anstatt sie im voraus durchzudenken, und die Tendenz zu handeln, anstatt nachzudenken, sind weit verbreitet. Da es obendrein nicht einfach ist, den Erfolg von Chancen abzuschätzen und sie untereinander zu beurteilen, scheut man sich häufig vor dem damit verbundenen Aufwand.

Auch der selbstzufriedene Manager ist Chancen gegenüber nicht aufgeschlossen. Eine solche Selbstzufriedenheit ergibt sich aus einer verengten Sichtweise. Denn wer nur seine kleine Welt sieht, glaubt gerne, hier alles zum Besten getan zu haben. Wer eine größere Welt erkennen kann, der wird mit Sicherheit auch Bereiche entdecken, mit denen er nicht zufrieden ist. So hängt auch hier die Selbsterkenntnis stark von der Fähigkeit zum kritischen Denken ab.

Managertypen, die sehr auf Sicherheit aus sind, finden die Unsicherheit im Zusammenhang mit der Chancensuche sehr beunruhigend. Denn zum einen gibt es die Ungewißheit, überhaupt Chancen zu finden, zum anderen existiert auch noch die Ungewißheit, ob die Chance tatsächlich auch zu einem Nutzen für das Unternehmen führt. Die Angst, an einer vermeintlichen Chance zu scheitern, schreckt viele ab. Da in vielen Unternehmungen die Strafe für einen begangenen Fehler viel größer ist als die Belohnung für die Entdeckung einer Chance, wundert es nicht, wenn Führungskräfte ein negatives Verhalten gegenüber der Chancensuche zeigen. Außerdem fürchtet man sich, mit einer falsch erkannten und beurteilten Chance dem Wohl und der Zukunft des Unternehmens zu schaden. Um solchen Ängsten vorzubeugen, finden Sie auf den Seiten 69 ff. und 140 Checklisten, mit deren Hilfe Sie die Chancensuche systematisch angehen können.

Manchen Managern wird so wenig Eigeninitiative beim Denken und Handeln zugestanden, daß sie gar nicht nach Chancen suchen dürfen. Und wenn man tatsächlich einmal eine Chance aufgespürt hat, schlägt einem vom Vorgesetzten sehr viel Ablehnung entgegen. So geht dann manche Chance aus Mangel an Unterstützung verloren.

Ganz allgemein gibt es auch im Top-Management psychologische Widerstände gegen systematische Chancensuche. Die Suche nach einer Chance ist mit Aufwand an Zeit und Geld verbunden, und noch mehr Arbeit wird erforderlich, wenn eine Chance vermutet wird. Man muß sich mit Unsicherheitsfaktoren auseinandersetzen, und es müssen Entscheidungen getroffen werden. Wie Sie ein Chancenteam auf die Beine stellen, das mit relativ niedrigem Aufwand zu brauchbaren Ergebnissen kommt, erfahren Sie auf Seite 209.

Angst vor dem Risiko veranlaßt viele Unternehmen dazu, zunächst nichts zu tun und abzuwarten, bis ein Trend offenkundig ist. Das läuft nach dem Motto: ,,Wenn die Ideen anderer erfolgreich sind, dann tun wir es auch", um ein Risiko und hohe Entwicklungskosten zu vermeiden. Für innovative Anstrengungen werden deshalb auch oft keine Prämien gezahlt. Sollten auch Sie in einem Unternehmen arbeiten, in dem Risiken nicht gerne gesehen werden, sehen Sie sich doch einfach einmal das Risikokapitel ab Seite 163 an.

Eine ganz besondere Schwierigkeit ist gegeben, wenn Unternehmen allein auf eine kurzfristige Gewinnmaximierung aus sind. Das macht es besonders schwer, Chancen zu ergreifen, die zunächst Geld kosten, aber auf Dauer das Unternehmen lebensfähig erhalten.

Oft hapert es auch an der Systematik der Chancensuche. Zur Organisation finden Sie ab Seite 105 gezielte Vorschläge; hier jedoch zunächst noch einige Schwächen in der Organisation von Unternehmen, die zu beachtlichen Hindernissen bei der Chancensuche führen: Die meisten Führungskräfte müssen sich mit dringenden Tagesproblemen auseinandersetzen und haben so keine Zeit, sich mit langfristigen Dingen zu beschäftigen, es sei denn, man opfere seine Freizeit dafür. Abhilfe bietet hier das Chancensuchteam, das ab Seite 209 beschrieben wird. In ihm sind die Aufgaben so verteilt, daß sich der Arbeitsaufwand für jeden einzelnen in Grenzen hält.

Ein großes Hindernis stellt auch ein einseitiger Informationsfluß dar. Informationen und Anweisungen werden in der Regel immer noch von der Unternehmensspitze von oben nach unten weitergegeben. Ein umgekehrter Informationsfluß findet selten statt. Außerdem gibt es oft keine Gespräche zwischen den einzelnen Unternehmensebenen, was verhindert, daß kreative Ideen verwirklicht werden können. Hier spielen bis zu einem gewissen Grad auch Neid und Mißgunst sowie falsch verstandenes Karrieredenken eine große Rolle. Denn wer einmal erlebt hat, daß ein Vorgesetzter die eigenen Ideen als die seinen ausgegeben hat, wird mit Sicherheit nicht mehr besonders kreativ sein. Lernen Sie deshalb, in vernetzten Systemen zu denken. Wie das geht, haben Sie ab Seite 60 erfahren.

Wer eine Chance erkennt, ist schließlich nicht fähig, die Chance selbst wahrzunehmen und zu verfolgen. So gibt es zum Beispiel Bankfachleute, die ihre Kunden ausgezeichnet in Immobilien, Aktien und anderen Anlagen beraten. Sie selbst riskieren aber nichts und legen ihr Geld nur in Staatsanleihen mit einer niedrigen Zinsrate fest, weil sie das Risiko scheuen. Sollten Sie ebenfalls Risiken scheuen, so sehen Sie sich die Chancenbewertungsmethoden ab Seite 152 näher an.

Zusammenfassend läßt sich also feststellen: Viele Hindernisse, die in der Psyche des Menschen liegen, stellen sich einer erfolgreichen Chancensuche entgegen. Den Weg aus diesem Dilemma ermöglicht das Persönlichkeitstraining einzelner Führungskräfte oder der gemeinsame Besuch eines Teamseminars durch alle Teammitglieder.

Wachsende Selbsterkenntnis und zielgerichtetes Bemühen öffnen für die notwendigen Veränderungen. Um die erforderlichen organisatorischen Änderungen durchzusetzen, sollte als Alternative eventuell eine dynamische Persönlichkeit aus der Unternehmensführung diese Aufgabe übernehmen. Dieser Machtpromotor muß mit Beharrlichkeit und Konsequenz die strukturellen Veränderungen vornehmen und mit seiner Vision die Mitarbeiter begeistern. Wie sieht es nun in Ihrem Unternehmen aus?

So erkennen Sie, ob Sie Ihrem eigenen Erfolg im Wege stehen

1. Welche Hindernisse gibt es in Ihrem Unternehmen für eine Änderung der Organisation?
2. Welche Hindernisse gibt es in der Charakterstruktur Ihrer Topmanager?
3. Welchen externen Berater können Sie von außen heranziehen, damit objektiv geklärt wird, welche Hindernisse es gibt?
4. Hat Ihr Unternehmen eine Vision? Wie hoch ist die Akzeptanz der Vision bei allen Mitarbeitern?

Notwendige Veränderungen im Bewußtsein

Die Erfahrung zeigt immer wieder neu, daß Führungskräfte in der Wahrnehmung von Chancen durch Denkblockaden und psychische Hemmnisse blockiert werden. Nur wer gegenüber seinem eigenen Verhalten eine kritische Distanz entwickelt, wird sich nicht in der Falle der eigenen Routine und Bequemlichkeit verfangen. Im nächsten Abschnitt wollen wir uns deshalb damit beschäftigen, welchen Hemmnissen wir uns dabei im Detail zu widmen haben.

Ein sehr großes Hemmnis bei der Suche nach Chancen ist die Angst. Wer Angst hat, klebt am Alten und scheut vor Neuem und der Veränderung. Die Angst blockiert die Sinne und die Wahrnehmung ganz allgemein. Angst lähmt das Denken und verhindert die Entwicklung neuer Ideen.

Eine sehr einengende Angst ist die, Fehler zu begehen. Haben Sie eine solche Angst, dann neigen Sie dazu, Chancen negativ zu bewerten. Der Mut, die Angst vor Fehlern zu überwinden, ist die Voraussetzung des Erfolges. Nur selten stellt sich ein großer Erfolg bereits beim ersten Versuch ein. Die größten Erfolge kamen häufig erst nach anfänglichen Mißerfolgen zustande.

Wie begegnet man aber der Angst? Nun, einer der wichtigsten Punkte ist eine andere Sichtweise der Wirklichkeit. Wer dem monokausalen Entweder-oder-Schema verhaftet bleibt, der hat zwangsläufig Angst, Fehler zu begehen. Denn eine einmal getroffene Entscheidung ist entweder richtig – oder aber grundfalsch.

Starre Persönlichkeiten haben starre Handlungskonzepte, die nicht die komplexe Realität wiedergeben. Der Manager, der Chancen erkennt, verbindet den intellektuellen Bereich mit dem kontemplativen, dem irrationalen Bereich. Der Chancenmanager liebt den multikausalen Sowohl-als-auch-Bereich. Eine Entscheidung im multikausalen Zusammenhang mag ein Risiko bedeuten, doch eröffnen sich hier auch eine größere Anzahl von neuen Möglichkeiten.

Ein Beispiel hierfür könnte der Übergang von der Musik auf Schallplatte zur Musik auf CD sein. Monokausal gedacht wäre das alleinige Herausbringen von Musik auf CD in der Anfangszeit der

CD-Technik wahrscheinlich ein Fehler gewesen, denn lange Zeit nahmen die Kunden die CD eher zögerlich auf. Viele Plattenfirmen dachten aber multikausal und brachten ihre Novitäten so lange sowohl als Schallplatte als auch als CD auf den Markt, bis sich der Markt eindeutig für die CD entschieden hatte. Im nachhinein hätte die anfänglich ängstliche Haltung einer monokausal denkenden Plattenfirma wahrscheinlich ihren Ruin bedeutet.

Multikausal denkende Manager bevorzugen die Mehrdeutigkeit gegenüber der Einseitigkeit und haben ein ausgeprägtes Wahrnehmungsvermögen. Das ist auch erforderlich, denn wir stehen mit der Wirklichkeit nicht über den Verstand, sondern über das Bewußtsein in Kontakt. Der Verstand ordnet die mit dem Bewußtsein wahrgenommenen Wirklichkeiten. Unsere Ebenen der Wahrnehmung sind: Sehen, Hören, Spüren, Riechen und Schmecken. Unser Bewußtsein ist oft nicht in der Lage, die Dinge auf allen diesen Ebenen gleichzeitig wahrzunehmen. Ebenso ist es meist nicht geschult, all das wahrzunehmen, was um uns herum vorgeht. Häufig beschränken wir uns in den meisten Situationen nur auf eine oder zwei Wahrnehmungsebenen, die uns mit Informationen aus unserer Umwelt beliefern.

Wir neigen sogar dazu, unsere Umwelt in bestimmten Situationen allein über eine einzige Ebene der Wahrnehmung zu beurteilen. So achten einige Menschen nur darauf, was sie sehen, während andere nur das hören, was der Gesprächspartner sagt. Andere wiederum nehmen nur wahr, was sie fühlen.

Der erste Schritt dazu, die eigene Wahrnehmungsfähigkeit zu erweitern, besteht darin, nicht mehr einseitig auf einer Ebene wahrzunehmen. Wenn Sie mehr Wahrnehmungskanäle öffnen, werden mehr Eindrücke und Erfahrungen im Gehirn gespeichert.

Versuchen Sie einmal ganz bewußt, einen Gegenstand mit allen Ihren Wahrnehmungskanälen „abzutasten“. Wie sieht er aus, gibt er Töne von sich, wie fühlt er sich an, oder riecht und schmeckt er sogar? Diese Form der konzentrierten Wahrnehmung kommt uns Erwachsenen häufig „lächerlich“ vor. Doch sehen Sie sich einmal ein Kleinkind beim Spielen an. Einen Gegenstand, der es interessiert, nimmt das Kind in die Hand, betrachtet ihn, schüttelt ihn und steckt ihn häufig sogar in den Mund. Erst wenn das Kind alle Möglichkeiten dieses Gegenstandes „ausgetestet" hat, verliert es das Interesse. In der Zwischenzeit hat es aber alle seine Wahrnehmungskanäle eingeschaltet, um den Gegenstand zu „erfahren".

Sie werden sich fragen, warum ich dieses Beispiel so ausführlich erläutert habe, und doch liegt der Nutzen dieses Vorgehens auf der Hand. Arbeiten Sie zum Beispiel in einer Marketingabteilung, so werden Sie mitunter Werbemaßnahmen für Ihre Produkte konzipieren müssen. Wenn Sie allen Ihren Wahrnehmungskanälen freien Lauf lassen, so fällt es Ihnen mit Sicherheit leichter, Ihr Produkt zu bewerben. Stellen Sie sich einfach die folgenden Fragen:

- Wie sieht das Produkt aus (ist es eventuell besonders schön)?
- Gibt es Töne von sich?
- Kann man es anfassen und vermittelt dieses Anfassen ein positives Gefühl?
- Riecht es besonders gut?
- Schmeckt Ihr Produkt gut? etc.

Erst dann sollten Sie sich dem konkreten Nutzen des Produkts zuwenden, denn der Mensch nimmt zuerst einen Gegenstand wahr, bevor er sich intellektuell damit auseinandersetzt.

Die systematische Suche nach neuen Chancen

Nachdem wir bereits auf die Bedeutung der Chancensuche eingegangen sind, wollen wir uns jetzt den praktischen Aspekten der Chancensuche näher widmen. Hierbei gibt es mehrere Möglichkeiten, wie Sie praktisch vorgehen können. Sehen wir uns dazu zunächst noch einmal die verschiedenen externen und internen Potentiale bei der Chancensuche an.

Da viele Märkte bereits gesättigt sind, ist für jedes Unternehmen das Erschließen möglichst vieler Nutzenpotentiale von Bedeutung. In der folgenden Liste finden Sie deshalb eine Zusammenstellung verschiedener Potentiale, die auch in Ihrem Unternehmen noch entwicklungsfähig sein dürften:

Externe Potentiale

- Beschaffungspotential,
- Finanzpotential,
- Firmenübernahmepotential,
- Imagepotential,
- Kooperationspotential,
- Kundenpotential.

Interne Potentiale

- Früherkennungspotential,
- Humanpotential,
- Informations- und Organisationspotential,
- Know-how-Potential,
- Kostensenkungspotential,
- Kreativitätspotential,
- Servicepotential.

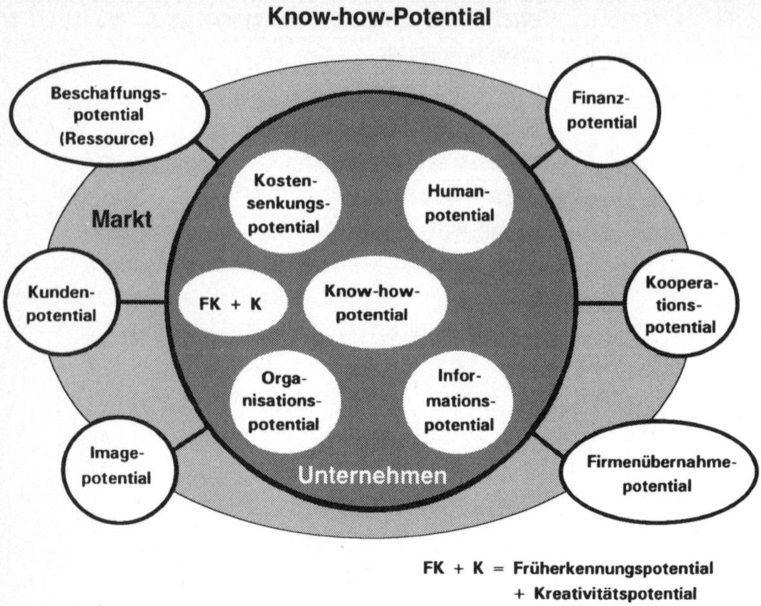

Abb. 29: Nutzenfelder innerhalb und außerhalb des Unternehmens

Abbildung 29 gibt eine Übersicht über die Nutzenpotentiale innerhalb und außerhalb von Unternehmen. Die Chancensuche muß auf all die hier genannten Nutzenfelder ausgedehnt werden.

Die neben dem Kundenpotential existierenden Möglichkeiten, Nutzen zu erkennen und wahrzunehmen, sind erst in den letzten Jahren in das Blickfeld des Interesses getreten. Auch Sie sollten sich diesen Nutzenpotentialen widmen, denn hier liegen Chancen für Innovationen.

Abbildung 30 zeigt ein Unternehmen, das jeweils zu einem bestimmten prozentualen Anteil zwölf verschiedene Nutzenpotentiale erschlossen hat.

Abbildung 31 gibt Ihnen die Möglichkeit, selbst einzutragen, in welchem Maße Sie die einzelnen Nutzenpotentiale für Ihr Unternehmen bereits erschlossen haben.

Doch wenden wir uns nun einmal einigen besonders chancenträchtigen Potentialen zu.

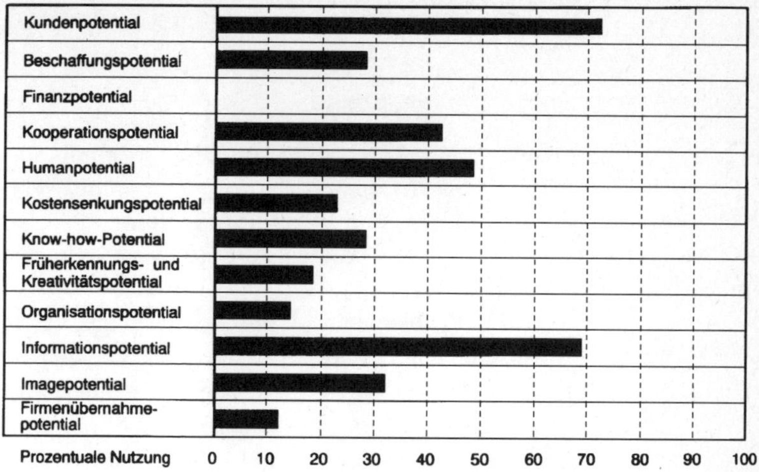
Kundenpotential
Beschaffungspotential
Finanzpotential
Kooperationspotential
Humanpotential
Kostensenkungspotential
Know-how-Potential
Früherkennungs- und Kreativitätspotential
Organisationspotential
Informationspotential
Imagepotential
Firmenübernahme-potential
Prozentuale Nutzung
0
10
20
30
40
50
60
70
80
90
100

Abb. 30

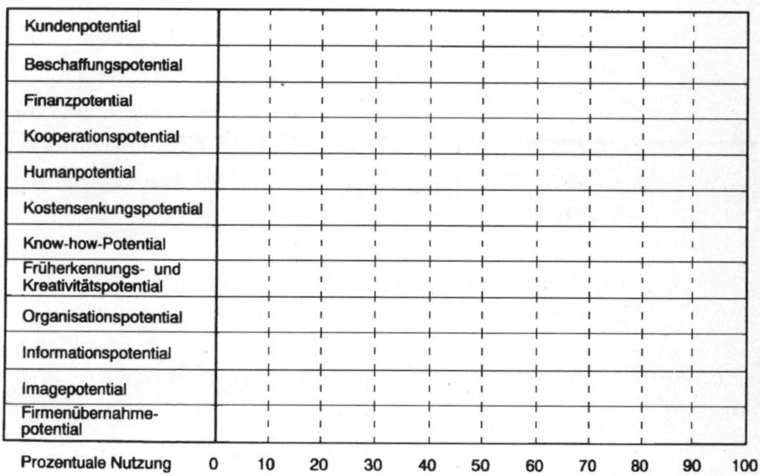
Kundenpotential
Beschaffungspotential
Finanzpotential
Kooperationspotential
Humanpotential
Kostensenkungspotential
Know-how-Potential
Früherkennungs- und Kreativitätspotential
Organisationspotential
Informationspotential
Imagepotential
Firmenübernahme-potential
Prozentuale Nutzung
0
10
20
30
40
50
60
70
80
90
100

Abb. 31

Der Kunde ist König

Für jedes Unternehmen ist das Gespräch mit Kunden ganz besonders wichtig. Erst durch Gespräche werden die Probleme und Wünsche von Kunden offenkundig, und so kann ein Unternehmen sein Leistungsangebot darauf einstellen. Dem Zuhören kommt hierbei eine große Bedeutung zu.

Dem Kunden bewußte Probleme und Wünsche stellen aber längst nicht alle Innovationschancen dar. Dazu ein Beispiel: Die meisten Menschen hatten es bis vor gar nicht allzu langer Zeit überhaupt nicht als Problem empfunden, wenn sie bei einem Anruf neu wählen mußten, weil die Leitung blockiert war. Als ihnen aber das Angebot der Wahlwiederholung dargelegt wurde, erkannten sie den großen Vorteil, der darin liegt. Die Funktion der Wahlwiederholung ist heute sogar fast schon ein „Muß" für eine Telefonanlage.

Serviceorientierung ist nicht nur deshalb immens wichtig, weil sich auf diese Weise neue Potentiale, wie etwa die Wahlwiederholung beim Telefon, durch bloßes aufmerksames Zuhören erkennen lassen. Sie ist auch aus den folgenden Gründen sehr wichtig:

- Serviceorientierte Unternehmen wachsen doppelt so schnell wie der Durchschnitt.
- Sie haben das Potential, bis zu sieben Prozent mehr Marktanteile zu gewinnen.
- Sie erzielen höhere Preise, und diese Preise werden von den Kunden trotz Konkurrenz durch Billiganbieter angenommen.

Die Serviceorientierung stellt heute eine sehr wichtige Form der Marktorientierung dar. Sie hilft Ihnen, Ihre Kunden besser kennenzulernen und Ihre Kunden langfristig an Sie zu binden. Denken Sie immer daran: Sie müssen ein Mehrfaches an Zeit und Energie aufwenden, um neue Kunden zu gewinnen, statt um alte Kunden zufriedenzustellen.

Guter Service setzt bereits *vor dem Verkauf* ein, und auch danach findet der Kunde noch Unterstützung durch Informationen,

Beratung, Schulung oder ähnliches. Da Service natürlich Geld kostet, ist es notwendig, die Servicekosten und die Servicequalität zu kontrollieren. Bevor ein Serviceangebot gemacht wird, sollten Sie ermitteln, ob es unter der gegebenen Kostensituation überhaupt von Ihren Kunden gewünscht wird. Ebenso sollten Sie sich Gedanken über Ihren Wettbewerb machen. Denken Sie bitte einmal über folgende Fragen nach:

1. Welche Serviceleistungen bietet Ihr Wettbewerb an?
2. Welchen Service wünschen Ihre Kunden?
3. Welchen Preis verlangt Ihr Wettbewerb für seinen Service?

Auch müssen Sie entscheiden, ob Sie nur einen begrenzten oder einen sehr umfassenden Service bieten möchten. Serviceleistungen haben nämlich nur dann einen Sinn, wenn dieser Service vom Kunden gewünscht wird. Viele Discount-Computerläden wie etwa Vobis oder Escom beschränken z.B. ihren Service ganz bewußt auf ein Minimum. Ihre Stärke ist der Preis. Für andere kleine Computerläden ist diese Beschränkung der Großen gerade ein Wettbewerbsvorteil, denn ihre Preise sind zwar höher, aber ihr Service ist dafür ungleich besser.

Bevor Sie Ihr ganzes Unternehmen auf Service ausrichten, überlegen Sie also:

1. Ist das Serviceprogramm am Markt durchzusetzen?
2. Müssen wir guten Service bieten, oder kaufen unsere Kunden wegen anderer Kriterien unsere Produkte?
3. Welche Kosten verursacht uns ein verbesserter Service, und sind diese Kosten am Markt zu erzielen?

Über die Beantwortung dieser Fragen entscheiden allein Ihre Kunden. Für die Weitergabe der Servicekosten gibt es nun zwei Möglichkeiten:

1. Der Servicepreis wird getrennt ausgewiesen (so kostet der Kundendienst in der Autowerkstätte durchaus sein Geld).
2. Der Servicepreis ist im Produkt enthalten und damit vor den Kunden versteckt.

Beide Verfahren haben ihre Vor- und Nachteile. Durch Kundenbefragungen sollten Sie ermitteln, welches Verfahren letztlich für Sie in Frage kommt. Befragen Sie Ihre Kunden, welche Serviceleistungen besonders wichtig sind, welche weniger wichtig sind, auf welche Sie vielleicht ganz verzichten können und wie Sie welche Anforderungen am besten erfüllen können.

Setzen Sie die Ergebnisse der Befragung wie folgt in die Praxis um:

1. Für die Kunden wichtige Faktoren, die schlecht erfüllt sind: → Verbesserungen notwendig!
2. Für die Kunden wichtige Faktoren, die gut erfüllt sind: → den Stand halten!
3. Anforderungen an das Produkt oder die Dienstleistung werden übererfüllt: → Aufwand reduzieren!
4. Für den Kunden unwichtiger Faktor: → Aufwand einstellen!

Horch – was will der Markt?

Egal, ob Sie Lebensmittel produzieren oder Kleidung herstellen – die sogenannte „Szene" gewinnt auch für Sie neben den klassischen Zielgruppen immer mehr an Bedeutung, ja es gibt inzwischen immer mehr Marken und Produkte, die aus der Szene nicht mehr wegzudenken sind. Das klassische Marketing beginnt sich langsam zu verändern, die Produzenten stellen sich immer mehr auf die Szene ein – und zwar nicht erst im Verkauf oder in der Werbung, sondern bereits in der Entwicklung der Produkte. Das Beobachten der Szene als Außenstehender reicht dazu nicht mehr aus. Denn an die Szene kann nur der verkaufen, der aus der Szene stammt.

Man nennt diese ganz neue Form der Marktkommunikation „Interfusion". Erwünscht ist eine teilnehmende Beziehung zur Szene mit dem Ziel, durch diese Art der Kommunikation einen Konsens im Bewußtsein herzustellen. Das erfordert natürlich eine große Kreativität vom Beobachter, denn er muß sein Bewußtsein auf die Erlebnisebene der Szene einstellen, um den Konsens zu erreichen. Festgefügte Weltbilder werden diesen Prozeß erschweren und sogar verhindern. Ist das Ziel jedoch erreicht und der Geist einer Szene erkannt, dann sind alle Voraussetzungen gegeben, den Bedarf für die Szene zu entwickeln, noch *bevor* er offenkundig ist.

Nicht umsonst arbeiten in manchen Unternehmen, die Produkte oder Dienstleistungen für eine bestimmte Szene anbieten, Leute, die der Szene aus Überzeugung angehören. Snowboardfreaks in Special-Interest-Zeitschriften, Verkäufer, die selbst die Kleidung tragen, die sie verkaufen – all diese Insider tragen zum Erfolg eines Unternehmens entscheidend bei.

In der Praxis bedeutet eine gelungene Interfusion, daß von den Mitgliedern der Szene bald ein Impuls ausgeht, der auch bei größeren Gruppen einen Bedarf auslöst. So haben es bestimmte Bekleidungsmarken geschafft, den „Sprung" zum Otto-Normal-Verbraucher zu schaffen, was allerdings in der Regel bedeutet, daß das spezifische Produkt für die Szene „gestorben" ist und sich das

Interesse der Szene auf andere Produkte (im optimalen Fall derselben Firma) richtet.

Wie können Sie nun in der Praxis Interfusion betreiben? Die folgenden Methoden können Ihnen hier weiterhelfen:

Abbildung 32 zeigt, wie ein Unternehmen Beziehungen pflegen kann, die von der Analyse bis zur Schaffung neuer Wirklichkeiten führen.

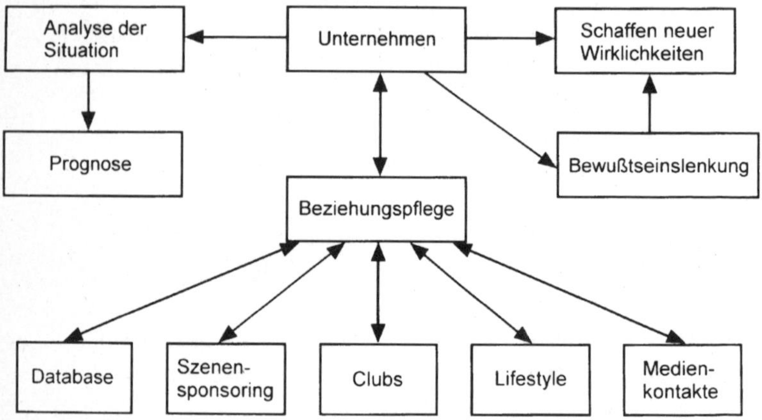

Abb. 32: Neue Formen der Marktkontakte

Monitoring

Hierunter fallen die folgenden Aspekte:

- Analyse von Newslettern und Magazinen der jeweiligen Szene,
- Teilnahme am Szeneleben durch eigene Mitarbeiter oder Informanten,
- Befragung von Szeneexperten oder -mitgliedern,
- Reisen, um Trends im In- und Ausland auf die Spur zu kommen.

Szenen-Sponsoring

Szenen-Sponsoring dient dazu, Trends bereits früh zu erkennen, aktiv an ihrer Umsetzung teilzunehmen und als Sponsor Aufmerksamkeit zu erregen.

Lifestyle-Kooperation

Hier werden mit Pionieren der Szene neue Lebensstile, Moden usw. erfunden, die über die Medien der Szene und Cluborganisationen durchgesetzt werden. Das im nächsten Abschnitt beschriebene Lead-User-Konzept verwirklicht eine solche kooperative Zusammenarbeit im technischen Bereich.

Netzwerke

Wachsende Bedeutung werden in Zukunft Netzwerke erhalten. Solche Netzwerke sind z.B.: Workshops, Meetings oder Feiern. Gerade in der Werbung werden Kooperationen immer beliebter. Da preist ein Waschmaschinenhersteller z.B. das besonders effiziente Waschmittel gleich auch noch mit an und umgekehrt macht ein Spülmittelhersteller Werbung für die entsprechende Spülmaschine.

Antennensysteme

Die dynamische Entwicklung des Marktes hat Unternehmen in Japan bereits dazu veranlaßt, ein Antennensystem aufzubauen. Es handelt sich dabei um Geschäfte, die wie andere Geschäfte aussehen. Sie haben jedoch die alleinige Aufgabe, herauszufinden, welche neuen Produkte verkäuflich sind, und diese Informationen an die Zentrale zu liefern. So weiß man bereits lange Zeit vor der offiziellen Markteinführung, wie ein Produkt von Kunden angenommen wird.

Datenbanken

Datenbanken können auch Ihnen dabei helfen, Kundenwünsche zu erfüllen und eine engere Kommunikation mit Ihren Kunden zu entwickeln. Sie helfen auch dabei, lokale Veränderungen im Wettbewerb oder in der Konsumenteneinstellung schneller zu bewältigen.

Beziehen Sie Ihre Kunden ein!

Um die Wünsche Ihrer Kunden zu neuen Produkten oder Dienstleistungen besser einschätzen zu können, gibt es einen einfachen Weg: Beziehen Sie Ihre Kunden einfach in die Planungsphase ein! Dazu gibt es zwei Möglichkeiten: die Trendanalyse und das Lead-User-Konzept. Beide hängen eng miteinander zusammen: keine Trendanalyse ohne Lead-User; keine Lead-User-Konzepte ohne vorherige Trendanalyse. Sehen wir uns zunächst einmal die Trendanalyse genauer an.

Trendanalyse

Die Trendanalyse sollte im Rahmen eines Workshops im Abstand von etwa sechs Monaten stattfinden. An den Sitzungen sollten sechs bis zehn Personen aus verschiedenen Unternehmensbereichen teilnehmen. Die Bereiche sind: Außendienst, Marketing, Verkauf, Forschung und Entwicklung und Controlling. Sehr zu empfehlen ist die Einbeziehung wichtiger Kunden, der Lead-User, in diese Sitzungen.

Leider scheuen immer noch viele Unternehmen davor zurück, sie befürchten, damit Betriebsgeheimnisse zu verraten. Natürlich besteht immer ein gewisses Risiko, daß sich ein Kunde gegenüber der Konkurrenz „verplappert", aber der Nutzen dieser Vorgehensweise ist vergleichsweise höher. Wer, wenn nicht Ihre wichtigsten Kunden, soll Ihnen denn später die neuen Produkte abkaufen? Wer weiß außerdem am meisten über seine Bedürfnisse, wenn nicht der Kunde. Aus Kundensicht ist ein solches Vorgehen ebenfalls positiv, immerhin ist man für das Unternehmen so wichtig, daß es einen in seine Überlegungen miteinbezieht. Sollten Sie immer noch diesem Verfahren mißtrauen, so können Sie ja die Beantwortung der für Sie wichtigen Fragen vom Kunden schriftlich durchführen lassen.

Trendanalysen müssen sich auf folgende Bereiche konzentrieren:

- auf das Umfeld (Gesellschaft, Politik etc.),
- auf das Unternehmen,
- auf den Gesamtmarkt (Absatzpotential, Branchenentwicklung, Technologie- und Innovationsentwicklung in der Branche etc.),
- auf den Wettbewerb (Produkt, Service, Marketing, Kundenstruktur etc.),
- auf das Produkt (Stärken, Schwächen, Preis-/Leistungsverhältnis etc.).

Das Lead-User-Konzept

Das Lead-User-Konzept stellt eine ganz besondere Einbeziehung des Kunden in die Innovationsaktivitäten des Unternehmens dar. Denn es gibt dem Kunden die Möglichkeit, seine Wünsche in Zusammenarbeit mit dem Hersteller zu realisieren. Der spätere Nutzen des Produkts läßt sich durch eine geschickte Auswahl der Kunden erhöhen. Es werden solche Kunden ausgewählt, die einen überdurchschnittlichen Stand hinsichtlich der Beschäftigung mit technologischen Trends und Problemlösungen haben. Daher auch die Bezeichnung „Lead-User", also führender Benutzer.

Das Lead-User-Konzept wird z.B. von der Hilti AG angewandt. Das Unternehmen ist weltweit aktiv auf dem Gebiet der Befestigungstechnik und der Abbautechnik. Es hat sich spezialisiert auf Direktmontagesysteme, Schraubentechnik, Bohr- und Meißelhämmer. Das Lead-User-Konzept beinhaltet folgende Schritte:

1. Erkennen von Trends,
2. Auswahl der Lead-User,
3. Entwicklung von Konzepten mit den Lead-Usern,
4. Test der Akzeptanz des entwickelten Produktes.

Schritt 1: Erkennen von Trends

Hierbei werden Trends in Workshops festgehalten.

Schritt 2: Auswahl der Lead-User

Diejenigen Unternehmen werden ausgewählt, die sich schon mit dem Problem intensiv beschäftigt oder Teillösungen erarbeitet haben.

Schritt 3: Entwicklung des Produktkonzeptes

Es wird nicht eine Detailverbesserung, sondern die Entwicklung eines neuen Konzeptes angestrebt. Dazu wird die Anforderung an das neue System bestimmt. Danach erfolgt eine Untergliederung in verschiedene Problembereiche. Mit diesen Bereichen beschäftigen sich verschiedene Arbeitsgruppen. Erste Lösungen werden in Skizzen festgehalten. Kreativitätstechniken liefern weitere Anregungen, die im Hinblick auf die Vorteile und Nachteile diskutiert werden. Die sich ergebenden Lösungsansätze werden erneut von Arbeitsgruppen bearbeitet und überprüft. Die Ergebnisse werden diskutiert.

Schritt 4: Test der Akzeptanz des entwickelten Produkts

Nun werden weitere Anwender in die Überprüfung der Lösungsansätze einbezogen. Diesen Anwendern werden folgende Fragen gestellt:

- Entspricht das Konzept den Bedürfnissen des Marktes?
- Ist der Preis akzeptabel?

Erst nachdem man herausgefunden hat, ob ein Produkt akzeptiert wird, wird es auf den Markt gebracht.

Der große Vorteil des Lead-User-Konzeptes liegt im folgenden:

- Die Entwicklung orientiert sich an den Bedürfnissen der Kunden.
- Die Kosten der Informationsbeschaffung sinken stark.
- Der Personalaufwand reduziert sich.
- Da die Entwicklungszeiten verkürzt sind, ergeben sich beachtliche Zeiteinsparungen.
- Das kreative Potential der Kunden wird genutzt.

So schafft das Lead-User-Konzept große Vorteile sowohl für das Unternehmen als auch für seine Kunden. Selbst wenn Sie nicht nach dem Lead-User-Konzept arbeiten möchten, ist es wichtig, den Kontakt zu Ihren Kunden zu pflegen. Dafür empfehlen sich:

- jährliche strategische Meetings, die gemeinsam mit wichtigen Kunden, der Geschäftsleitung, den Entwicklern und den Marketingmitarbeitern abgehalten werden (auch im informellen Rahmen),
- zweimal im Jahr stattfindende Treffen, die die Benutzerfreundlichkeit der Dienstleistungen und/oder Produkte überprüfen,
- spezielle Kundenveranstaltungen, die sich mit bestimmten Themen wie Kundenwünschen, Serviceverbesserungen oder Produktneuheiten beschäftigen.

Jedes Unternehmen lebt ausschließlich von seinen Kunden. Vergessen Sie das nicht, und versuchen Sie, Ihre Kundenkontakte zu verbessern.

Schaffen Sie sich Zeitvorteile

Eine von McKinsey durchgeführte Studie zur Produktentwicklung hat ergeben, daß der Zeitfaktor eine wichtige Rolle bei Innovationen spielt. Ganz klar, wer zuerst kommt, mahlt zuerst, und das bedeutet in Zahlen: Um 50 Prozent höhere Entwicklungskosten hatten laut McKinsey nur 3,5 Prozent Einfluß auf den Gewinn, während eine um sechs Monate verspätete Präsenz am Markt 33 Prozent Verlust ergab. Schnelligkeit in der Entwicklung bedeutet also durchaus bereits den halben Erfolg.

In der Praxis sieht es so aus, daß die Dauer der Produktentwicklung in der Regel über dem Optimum liegt. Deshalb haben Maßnahmen zur Reduzierung der Entwicklungszeit so eine besondere Bedeutung. Denn die Verlängerung der Entwicklungszeit bestimmt den Markteintritt eines neuen Produktes und damit auch seine Marktlebensdauer. Der Prozeß wird oft noch dadurch verstärkt, daß durch Konkurrenzprodukte die Preise bereits fallen, so daß nicht nur ein verringerter Absatz, sondern auch ein verringerter Umsatz hinzukommen. Sehen Sie sich dazu einmal *Abbildung 33* auf Seite 120 an.

Die Planung der Entwicklungsdauer erfordert also ein ganzheitliches Konzept. Die Japaner sind uns in dieser Beziehung weit überlegen (siehe hierzu ab Seite 205). Doch auch im Kleinen lassen sich oft Verbesserungen erzielen:

- Reduzieren Sie die Bearbeitungszeiten innerhalb der einzelnen beteiligten Bereiche (Forschung, Entwicklung, Marketing etc.) um überschaubare Zeiträume (auch eine Woche Gewinn pro Abteilung ist bereits ein Erfolg).
- Verkürzen Sie die Übergangszeiten zwischen den einzelnen Abteilungen durch besseres Informationsmanagement (siehe hierzu ab Seite 56).
- Reduzieren Sie die Reibungsverluste durch bessere Abstimmungsprozesse zwischen den Abteilungen.

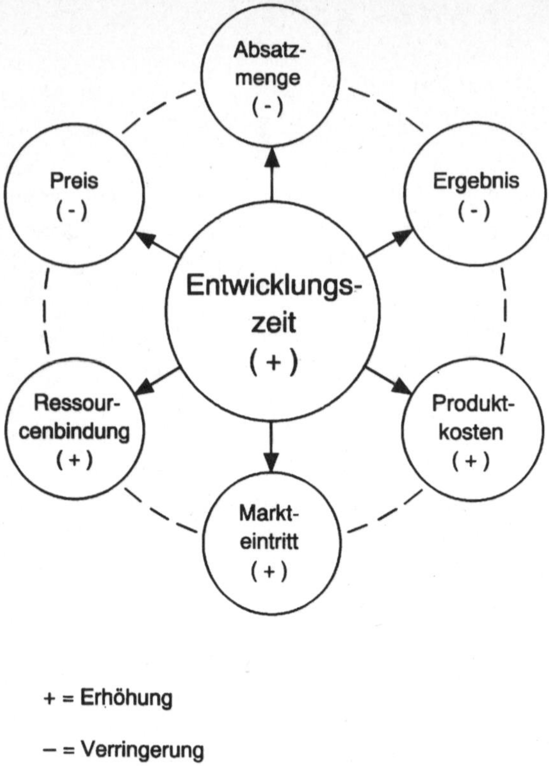

Abb. 33: Auswirkungen der Entwicklungszeit

- Arbeiten Sie prozeßorientiert (siehe ab Seite 201).
- Nutzen Sie die Möglichkeiten des Chancenteams (siehe Seite 209).
- Setzen Sie das Innovationscontrolling (siehe Seite 220) ein, das die Abhängigkeiten zwischen Entwicklungszeiten, Produktkosten und -qualität, Absatzmengen und Ergebnis im Auge behält.
- Nutzen Sie alle technischen Hilfsmittel, die Ihnen zur Verfügung stehen, oder erwägen Sie deren Anschaffung.
- Denken Sie vernetzt (siehe ab Seite 60).
- Führen Sie möglichst viele Prozesse parallel durch.
- Unterteilen Sie das Projekt in kleinere Projekte mit spezifischen Zielvorgaben an Zeit und Ergebnis.
- Nutzen Sie die kritischen Erfolgsfaktoren, um zu entscheiden,

welche Prozesse Sie verbessern sollten. Weist z.B. ein Prozeß wie die Auftragsabwicklung (als Prozeß 1 in *Abbildung 34* bezeichnet) mehrere Erfolgsfaktoren auf, so hat dieser Prozeß großen Einfluß auf den Erfolg. Hier sollten Sie dann mit der Verbesserung beginnen, da sich am schnellsten Erfolge einstellen werden. So ist in *Abbildung 34* deutlich zu sehen, daß die Prozesse 1, 2 und 5 genauer betrachtet werden sollten, da sich dort die meisten kritischen Erfolgsfaktoren finden.

Kritische Erfolgsfaktoren / Prozesse		1	2	3	4	5	6	7	8	9	Anzahl
1		X		X			X	X		X	5
2			X			X			X		3
3						X					1
4		X							X		2
5			X		X		X	X			4
6		X									1
7											0
8				X							1
9			X					X			2
10											0
11						X					1
12			X	X							2
13											0
14											0

Abb. 34: Prozesse und kritische Erfolgsfaktoren

Wie sich Zeitvorteile bei der Entwicklung erzielen lassen

Ein großes Problem bei der Entwicklung eines Produktes oder einer Dienstleistung besteht darin, daß die Techniker nicht genau die Anforderungen der Kunden kennen.

Wenn eine Frau ihren Kundenwunsch so formuliert: „Ich möchte eine Gesichtscreme, die nicht an einem heißen Sommertag auf dem Gesicht zerläuft", so ist dieser Wunsch zwar deutlich, aber nicht technisch exakt formuliert.

So ist es eine wichtige Aufgabe in jedem Unternehmen, Kundensprache in eine technische Sprache zu übersetzen. Nachdem dies passiert ist, sollte man bei der Weitergabe der Informationen an die Entwicklung mit Formularen arbeiten, besonders dann, wenn Sie laufend mit Kundenanfragen zu tun haben, die in die Produkte eingehen sollen. In größeren Firmen, in denen Einzelstücke gefertigt werden, etwa in der Automobilindustrie, sind solche Formblätter (gerne auch per Computer) unerläßlich, um genau das Teil herzustellen, das der Kunde gewünscht hat. Aber auch kleinere Unternehmen können von dieser Vorgehensweise nur profitieren.

Mit solchen Qualitätstabellen ist die Kommunikation zwischen Kunden, Verkauf und technischer Abteilung erheblich besser. Mit diesen Tabellen vermag der Techniker auch mit dem Kunden besser zu reden. Und auch die Kommunikation mit den Lieferanten klappt besser.

Diese Art des Vorgehens führt nicht nur zu verbesserter Produktqualität im Interesse des Kunden.

Auf diese Weise wird auch die Entwicklungszeit verkürzt, da sich alle Beteiligten besser verstehen, überflüssige Arbeiten unterbleiben und die Koordination gesteigert wird.

Kosten sparen

„Kostensparung" lautet das Credo, auf das viele Unternehmen in den letzten Jahren gesetzt haben. Natürlich sind Kosteneinsparungen immer dann sinnvoll, wenn sie sich durch Rationalisierungen oder effizientere Organisationsmethoden ergeben können.

Während die Beurteilung externer Potentiale wie z.B. des Marktpotentials nicht einfach ist, ist die Beurteilung interner Möglichkeiten zur Kostensenkung leichter möglich, da hier alle notwendigen Daten durch Analysen erfaßt werden können.

In einigen großen Organisationen ist in den letzten Jahren versucht worden, Kosteneinsparungen durch Personalabbau zu erreichen. Langfristig ist aber so die Erreichung der Kosteneinsparung nicht gesichert, wie viele Erfahrungen beweisen.

Zur Verringerung der Kosten sollten Sie folgende Überlegungen anstellen:

So sind Kosteneinsparungen möglich

1. Dauerhafte Kosteneinsparungen sind nur dann möglich, wenn Arbeitsvorgänge neu organisiert und strukturiert werden.
2. Es geht nicht nur darum, zu versuchen, einen Arbeitsbereich effizienter zu gestalten. Es ist vielmehr auch die Frage zu klären, ob beim Abbau des Arbeitsbereiches Nachteile eintreten. Ist das nicht der Fall, wird dieser Organisationsteil aufgelöst.

Nehmen Sie Kosteneinsparungen durch laufende Überwachungen vor:

Stellen Sie alle zwei Jahre die Frage nach der Notwendigkeit des operativen Bereichs oder der Aktivität.

1. Welchem Zweck dient die Aktivität?
2. Welchen Anteil am Unternehmenserfolg hat die Aktivität?
3. Kann der zu erreichende Zweck nicht einfacher erreicht werden?

Ein Grund für den mangelnden Erfolg vieler Kosteneinsparungsversuche besteht darin, daß diese den Mitarbeitern aufgezwungen wurden. Als betroffener Mitarbeiter sieht man in solchen Maßnahmen auch schnell den eigenen Arbeitsplatz gefährdet. Ist das Ziel nicht der Abbau von Arbeitsplätzen, sondern eine Verringerung der Kosten, und wird dies auch deutlich gemacht, so sind viele Mitarbeiter bereit, bei solchen Aktionen mitzuwirken, da sie am besten wissen, wo Möglichkeiten für Einsparungen vorliegen.

Qualität – Zeit – Kosten: das magische Dreieck

Bevor wir auf das Qualität-Zeit-Kosten-Verhältnis eingehen, zunächst einige Bemerkungen zur Qualität. Vor 1960 wurde Qualität gleichgesetzt mit hoher technischer Leistung, langer Lebensdauer, einwandfreier Funktion und Freiheit von Fehlern. Später stand nicht mehr der Verwendungszweck, sondern der Benutzer mit seinen Bedürfnissen im Vordergrund.

Alleiniger Maßstab für die Qualität des Produktes oder der Dienstleistungen ist das Urteil des Kunden.

Eine Optimierung der Qualität, der Kosten und der Zeit durch das Unternehmen läßt sich nicht in nur einem Bereich realisieren. Wie *Abbildung 35* zeigt, besteht zwischen den drei Größen ein Span-

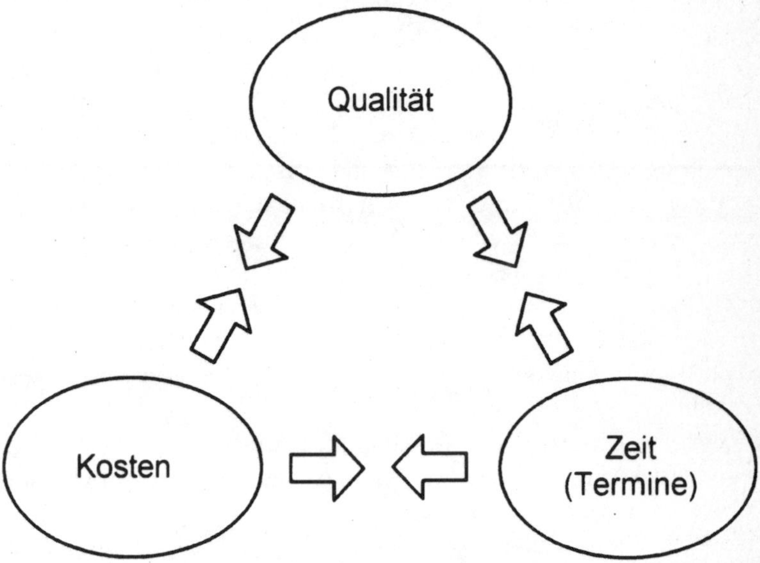

Abb. 35: Das Spannungsdreieck Qualität – Kosten – Zeit

nungsverhältnis. So ließen sich z.B. die Herstellungskosten reduzieren, wenn die Qualität reduziert würde.

Die Ergebnisse in vielen Unternehmen haben gezeigt, daß Durchlaufzeiten verkürzt, Kosten reduziert und die Qualität der Produkte gesteigert werden können, wenn Fehler in den Prozessen verringert werden.

Man muß sich aber davon hüten, die Kosten zu reduzieren, wenn dadurch die Qualität des Produktes oder der Dienstleistung sinkt. Wenn diejenigen Eigenschaften des Produktes sinken, auf die der Kunde Wert legt, so führt das langfristig zu erheblichen Markteinbußen. Eine Gefahr ist auch dann gegeben, wenn ein Unternehmen ein Produkt zwar schnell auf den Markt bringt, es aber noch Mängel hat und so keine Vorteile, sondern nur Verluste realisiert werden.

Falsch ist es auch, das Qualitätsmanagement so zu übertreiben, daß der Kunde nicht mehr bereit ist, den sich dadurch ergebenden Preis zu zahlen. In einem solchen Fall hat das Unternehmen mehr seine Vorstellungen vom Produkt als die des Kunden vor Augen gehabt. Dies wird als Over-Engineering bezeichnet.

Hat der Wettbewerb kein Over-Engineering, kann er seine Produkte preisgünstig anbieten. Will das Unternehmen im Wettbewerb bestehen, so muß es eventuell seine Preise reduzieren. Eine Übererfüllung der Bedürfnisse des Kunden ist also zu vermeiden.

Einseitige Ausrichtungen auf nur eine der drei Größen Qualität, Zeit oder Kosten sind nur in Ausnahmesituationen richtig. So kann zum Beispiel in einer Rezession eine nur auf die Kostenreduzierung ausgerichtete Strategie das richtige Verhalten sein. Nach der Krise ist aber von diesem einseitigen Verhalten abzurücken und eine Optimierung der drei Größen Qualität, Zeit und Kosten vorzunehmen.

Die drei Zielgrößen Entwicklungszeit, Entwicklungskosten und Produktleistung spielen bereits beim Forschungs- und Entwicklungsprojekt eine Rolle. Für eine erfolgreiche Produktentwicklung sind niedrige Entwicklungskosten, kurze Entwicklungszeiten und ein kundenorientiertes Preis-Nutzen-Verhältnis notwendig. *Abbildung 36* zeigt die angestrebten Ziele im Innovationsdreieck. Hier muß man sich davor hüten, nur eine Zielvariable einseitig zu be-

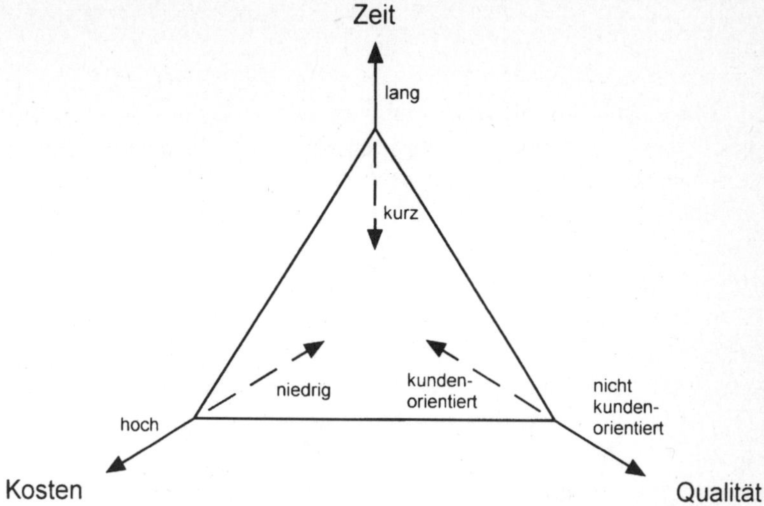

Abb. 36: Innovationsdreieck

günstigen. Die wechselseitige Abhängigkeit der einzelnen Faktoren erfordert nämlich ein ganzheitliches Vorgehen.

Ein Fallbeispiel zur Optimierung von Zeit, Qualität und Kosten

Die Situation war folgende: Der Druck auf ein Unternehmen wurde immer stärker, in noch kürzeren Zeiten ein neues Produkt zu entwickeln, um den Kundenwünschen zu entsprechen.

Zunächst entwickelte ein Team mit der Geschäftsleitung Vorstellungen zur Zusammenarbeit im Unternehmen als Idealbild. Die Frage wurde gestellt, was notwendig ist, das Ziel zu erreichen.

Nach einer Analyse der Situation ergab sich, daß der Einsatz von CAD und CIM mehr betont und der Einkauf und der Verkauf mehr in die Optimierung einbezogen werden mußten. Weiterhin beschäftigte sich das Team mit der neu zu erstellenden Produktionsanlage. Es wurde die ideale Produktionsanlage mit Ausbaumöglichkeiten entwickelt. Da die Investitionskosten sehr hoch waren, wurde darüber nachgedacht, die Kosten zu verringern. Das Ziel war, die Kosten der Investition um mindestens 30 Prozent zu reduzieren. Ein weiteres Ziel war, das Produkt ein halbes Jahr früher auf den Markt zu bringen als bisher.

Es wurden verschiedene Szenarien (Varianten) entworfen, mit welchen Anlagegrößen ein Markteinstieg versucht werden könnte. Außerdem wurden verschiedene Ausbauschritte für die Anlage erarbeitet. Die Optimierung führte zu einer 35prozentigen Einsparung gegenüber dem ursprünglichen Konzept. Das Team beschäftigte sich hierbei mit den Aufgaben über zwei Monate in acht Sitzungen, die jeweils einen halben Tag dauerten. Ergebnis: Das Unternehmen konnte das Produkt durch die vorgenommene Optimierung kostengünstiger und ein halbes Jahr früher auf den Markt bringen, und dies bei einem geringeren Risiko.

Auch die Lieferanten bergen Chancen

Das Beschaffungspotential eröffnet eine Möglichkeit, durch vorteilhaften Einkauf Nutzen zu erschließen. Nutzbare Chancen ergeben sich durch:

- die Globalisierung der Wirtschaft,
- den europäischen Markt.

So nutzt etwa die deutsche Möbelindustrie die Beschaffungspotentiale in den Ländern des ehemaligen Ostblocks, etwa in Polen oder in den neuen Bundesländern. Auch die Just-in-time-Produktion schafft eine Möglichkeit, das Beschaffungspotential besser zu nutzen.

So wird von einigen Unternehmen am Monatsende nur der Bedarf für den nächsten Monat bestellt. In Japan werden z.B. bestimmte Teile für die Herstellung von Büroausstattungen und Kopiergeräten von Unternehmen täglich bestellt und dreimal täglich zum festgesetzten Zeitpunkt geliefert. So werden die Lagerkosten gering gehalten. Das erfordert verläßliche Lieferanten und eine enge Zusammenarbeit zwischen Unternehmern und Lieferanten.

Um das Beschaffungspotential gut zu nutzen, sollten Sie die Unternehmens-Lieferanten-Beziehungen neu gestalten. Dies ist notwendig, da die Qualität der Leistungen des Lieferanten einen entscheidenden Einfluß auf den Erfolg des Unternehmens hat. Kleinere oder größere Fehler in den Produkten Ihrer Lieferanten wirken sich schädlich für Ihr Unternehmen aus.

Das Unternehmen braucht Vertrauen in die Qualität der Produkte und der Dienstleistungen des Lieferanten. Das erfordert vom Lieferanten:

- die Beherrschung der Prozesse, die Qualitätslenkung,
- die Vermeidung von Fehlern, die Qualitätssicherung,
- das Erfüllen der Kundenanforderungen, die Qualitätsplanung.

Bereits in den 70er Jahren hat die Automobil- und Luftfahrtindustrie von ihren Lieferanten Qualitätssysteme gefordert, die den Anforderungen des jeweiligen Unternehmens entsprachen. Zur Zeit fordern viele Unternehmen von ihren Lieferanten Qualitätssicherungssysteme nach der EN-Normenreihe 2900 (oder ISO 9000). Solche Qualitätssicherungssysteme stellen ganz bestimmte Konzepte der Qualitätsprüfung, der Qualitätslenkung und der Qualitätssicherung dar.

Neben den normgerechten Konzepten wird allerdings im geringeren Umfang in Europa das TQM (Total-Quality-Management) Konzept angewandt, das aus Japan kommt. Das TQM-Konzept setzt das Schwergewicht auf die Mitwirkung des Menschen und auf permanente Verbesserungen. Dabei wird systematisch das Qualitätsmanagement verbessert. Im einzelnen werden die Qualitätssicherung, die Qualitätslenkung und die Qualitätsverbesserung ausgebaut. Zwischen dem TQM und den Systemen nach ISO 9000 besteht kein Gegensatz, wie die Erfahrungen vieler Firmen gezeigt haben.

Qualitätskonzepte sind nicht einfach zu verwirklichen. Jedes Unternehmen muß sich Gedanken darüber machen, wie es Qualität definiert. Das führt dann auch wieder zur Auseinandersetzung mit dem unternehmerischen Spannungsdreieck Qualität-Zeit-Kosten.

Der Aufbau des Erfolgspotentials Qualität erfordert von den Unternehmen also zwangsläufig, den Lieferanten ganz besondere Beachtung zu schenken. Dies wird natürlich um so stärker der Fall sein, je intensiver die Qualität in der Vision des Unternehmens verankert ist.

Hier ein Vorgehen, um das Beschaffungspotential optimal zu nutzen:

So nutzen Sie das Beschaffungspotential

1. Verankern Sie die Qualität in den Unternehmensgrundsätzen Ihres Unternehmens.
2. Die Unternehmensführung hat die Verantwortung für die Qualitätsprogramme und Qualitätskonzepte.
3. Die quantitativen Vorgaben der Geschäftsführung zur Verbesserung von Produkten und Prozessen müssen auch auf die Lieferanten ausgedehnt werden.
4. Im Rahmen von prozeßorientierten Arbeitsprogrammen arbeiten Lieferanten und Unternehmen gemeinsam an einem Programm zur Verbesserung der Qualität des Produkts des Lieferanten.
5. Das Team erarbeitet gemeinsam Qualitätskennziffern als Kontrolldaten, deren Einhaltung für die Qualität des Produktes oder der Dienstleistung des Unternehmens erforderlich sind.
6. Es ist Aufgabe des Lieferanten, einen Abbau der Fehler seines Produktes oder seiner Dienstleistung durch bessere Prozesse und Qualitätssicherung vorzunehmen. Dieses Ziel sollten Sie mit Ihren Lieferanten gemeinsam anstreben.

Erfolgreiches Finanzmanagement

Durch die Globalisierung der Finanzmärkte ergeben sich größere Möglichkeiten, finanzielle Transaktionen vorzunehmen. Außerdem wächst die Zahl der angebotenen Finanzdienstleistungen. Mit der Erhöhung der Möglichkeiten vergrößert sich auch das Chancenpotential, das genutzt werden kann.

Richtige Finanzierung ist für jedes Unternehmen überlebensnotwendig. Neben dem Fehler der mangelnden Orientierung an Kundenbedürfnissen sind Fehler in der Finanzplanung die gravierendsten, die ein Unternehmen begehen kann. Befindet sich ein Unternehmen in der Wachstumsphase, so darf ihm kein Kapital entzogen werden. Wachstum erfordert mehr Liquidität und mehr Kapital. Bei den Liquiditätsbetrachtungen von Innovationen sollten Sie übrigens im Rahmen der Prognose nie von der besten, sondern von der schlechtesten Entwicklung ausgehen (just in case ...).

Expandiert ein Unternehmen, muß es wissen, welche Mittel es in etwa einem Jahr benötigt, und diese sichern. Gelangt nämlich das Unternehmen in eine kurzfristige Liquiditätskrise, wird viel Zeit damit verloren, das Problem zu lösen.

Meistens ist die Liquidität dann ein Problem, wenn die Chancen am größten sind. Die Praxis zeigt an vielen Beispielen, wohin ein falsches Finanzmanagement in der Wachstumsphase führt. Es gibt immer wieder neue Firmen mit Produkten und guten Marktchancen, die in Schwierigkeiten kommen. In solchen Situationen gibt es dann oft keinen Überblick mehr über Aufwendungen und Forderungen. Die fehlenden finanziellen Mittel schlagen sich negativ in den Bereichen Warenbestand, Kundendienst, Vertrieb usw. nieder. Wenn sich schließlich alles normalisiert hat, sind viele Kunden und der Zwischenhandel abgesprungen. Der Zustand ist nicht mehr rückgängig zu machen.

Welche Erfordernisse sind notwendig, solche Schwierigkeiten zu vermeiden?

So sichern Sie das notwendige Finanzpotential

1. Erstellen Sie eine Cash-flow-Analyse der Innovation. Widmen Sie sich der Liquiditätssteuerung.
2. Planen Sie den Kapitalbedarf für das Unternehmen auf drei Jahre, die Liquidität auf ein Jahr im voraus.
3. Ermitteln Sie die kritischen Bereiche im Unternehmen. Das können sein die Produktqualität, die Herstellungskosten, die Lagerbestände, der Kundendienst usw.
4. Installieren Sie in den kritischen Bereichen ein Frühwarnsystem.
5. Falls Sie finanzielle Nutzenpotentiale, wie den Verkauf von Grundbesitz usw., erschließen, dann investieren Sie die Mittel in Innovationen.

Ihre Mitarbeiter – das größte Potential

Neben der Marktorientierung und der richtigen Finanzplanung ist das Mitarbeiterpotential das wichtigste Potential für den Erfolg des Unternehmens.

- Eigenverantwortung,
- Qualifizierung,
- Information und Motivation.

Das sind die Punkte, die einen Mitarbeiter zum Erfolgspotential machen.

Erfolgreiche Unternehmen tun deshalb viel für die Aus- und Weiterbildung ihrer Mitarbeiter. Nur wer Problemlösungs-, Kommunikations- und die Techniken der Teamarbeit beherrscht, kann abteilungsübergreifend an der Verbesserung von Prozessen arbeiten.

Die Mitarbeitermotivation ist besonders wichtig, denn nur topmotivierte Mitarbeiter können zur ständigen Suche nach neuen und besseren Lösungsmöglichkeiten von Unternehmensprozessen gebracht werden. Jeder Stillstand bei diesem Prozeß führt zu einem Rückgang.

Im Rahmen der Mitarbeiterentwicklung spielt das Persönlichkeitstraining wie erwähnt eine wichtige Rolle. Schlagen Sie deshalb niemals einem Mitarbeiter den Wunsch nach Fortbildung ab, auch wenn es sich um Seminare handelt, deren Nutzen Ihnen vielleicht nicht auf den ersten Blick einleuchtet. Kreativtechniken, Konfliktbewältigungsseminare und ähnliches haben einen immensen Nutzen, denn sie helfen dabei, sich auf täglich neue Anforderungen einzustellen.

Für Mitarbeiter wird es immer wichtiger, auch unternehmerisch zu denken. Ziele haben für ein so angewandtes Mitunternehmertum eine große Bedeutung. Mitarbeiter dürfen daher durch Stellenbeschreibungen nicht zu stark eingeengt werden, das hemmt die Kreativität.

Folgende Grundsätze gelten für das Vereinbaren von Zielen:

Zielvereinbarungen

1. Mitarbeiter und Vorgesetzte erarbeiten die Ziele gemeinsam. Dem Mitarbeiter sind Unternehmens- und Bereichsziel bekannt. Der Vorgesetzte fragt: „Was schlagen Sie vor?“ Beide Personen bringen gemeinsam ihre Vorstellungen ein.
2. Das Ziel ist ein Ergebnis. Es müssen daher die Ergebnisse formuliert werden und nicht die dahin führenden Aktivitäten.
3. Die Ziele werden quantitativ dem Umfang nach und zeitlich mit Terminen beschrieben.
4. Die Ziele werden dem Leistungsstand des Mitarbeiters angepaßt. Er wird langfristig weder über- noch unterfordert.
5. Falls sich die Umstände ändern, werden auch die Ziele geändert.
6. Die Ziele sind schriftlich zu formulieren. Der Mitarbeiter schreibt die Ziele auf, die er mit dem Vorgesetzten abgesprochen hat. Der Vorgesetzte sieht sich die schriftliche Fixierung an, um Mißverständnisse zu vermeiden.

Damit die kooperative Zielvereinbarung erfolgreich ist, muß das Denken und Handeln jedes Mitarbeiters in das Team und das Gesamtunternehmen eingebunden werden. Der Mitarbeiter kann nur dann optimal aktiv werden, wenn ihm:

- die Unternehmensvision,
- die Unternehmensgrundsätze,
- die Ziele und
- die Erfolgsfaktoren.

des Unternehmens bekannt sind. All diese Punkte sollten für jede Abteilung separat konkretisiert werden. Dabei müssen alle Teammitglieder an der Entwicklung der gemeinsamen Ziele mitarbeiten.

Multiplikation – ein weiterer Schlüssel zum Erfolg

Es gibt verschiedene Formen der Multiplikation:

Multiplikation von Produkten

Dabei wird möglichst viel von einem Produkt hergestellt, damit die Kosten gesenkt werden. Dies ist ein Erfolgsrezept der Japaner, die mit hohen Auflagen die Einsparungen durch günstige Preise an den Kunden weitergeben.

Multiplikation von Innovationsprozessen

Hierbei wird die angewandte Innovationsmethodik auf alle Unternehmenseinheiten angewandt. Das Unternehmen 3M ist in dieser Hinsicht vorbildlich.

Multiplikation von Verkaufsprozessen

Ein Beispiel dafür ist das Verkaufsrezept von Kosmetikfirmen, die ihre Verkäuferinnen auf den Verkauf von Haus zu Haus geschult haben.

Multiplikation in der Produktion

Dabei werden vorhandene Anlagen und Verfahren für verschiedene Produkte eingesetzt, so daß dabei Erfahrungseffekte genutzt werden können.

Multiplikation von Forschung und Entwicklung

Hierbei werden vorhandene Einrichtungen und Erfahrungen für neue Produkte genutzt oder auch Forschungen für andere Unternehmen betrieben.

Multiplikationen von Absatzorganisationen

Konzerne haben in vielen Ländern Absatzorganisationen geschaffen. Die Absatzorganisation, die in einem Land aufgebaut wird, wird in anderen Ländern nach demselben Muster wiederholt.

Multiplikation von Leistungssystemen

Hierbei werden in Kundennähe Verkaufseinheiten geschaffen, die alle nach demselben System aufgebaut sind. Beispiele dafür sind Mc Donald's Restaurants, die Aldi-Discount Geschäfte, Foto Porst Geschäfte etc.

Multiplikation durch Kooperation

Um den Markt für ein entwickeltes stark innovatives Fenster mit einem bislang noch nie erreichten K-Wert besser zu erschließen, arbeitet das Unternehmen Häring mit mehreren Fenster- und Glasherstellern zusammen.

Da bei der Multiplikation dieselben Leistungen wiederholt erbracht werden, profitieren die weiteren Einheiten vom Lernprozeß der ersten Einheit. So werden z.B. durch die Erfahrungen die Produktionsprozesse besser rationalisiert, die Lagerhaltung wird optimiert usw. Mit den gewonnenen Erfahrungen vermögen die Mitarbeiter die einzelnen Prozesse schneller abzuwickeln, was zu Zeitvorteilen führt. Da sich die Fehler reduzieren, läßt sich auch der Kontrollaufwand verringern. Der Zeitgewinn bedingt durch Erfahrung ist sogar erheblich und ein gewaltiger Wettbewerbsvorteil.

Wie schon Peters und Waterman und andere Autoren erkannt haben, ist der Erfolg einer Unternehmung auf ein klares Unternehmenskonzept zurückzuführen. Wenn ein solches Unternehmenskonzept durch Multiplikation für alle Geschäftseinheiten angewandt wird, so ist der Nutzen besonders groß.

Die Multiplikation führt zu einer Konzentration der Kräfte. Die Folge ist eine intensive Anstrengung, um das gewünschte Ziel zu erreichen. Multiplikation führt auch dann zu einem großen Erfolg, wenn das zu multiplizierende System noch nicht perfekt ist. So zeigte zum Beispiel der multiplizierte Metro-Großmarkt für den Kunden so viel Nutzen, daß die anfangs fehlende Perfektion in Kauf genommen wurde.

Spätestens jetzt drängt sich die Frage auf: „Weshalb wird dann von vielen Unternehmen das Prinzip der Multiplikation entweder gar nicht oder nur unzureichend angewendet?"

Die Gründe sind altbekannt und liegen in der Person des Unternehmenseigners oder des Unternehmensführers. Es sind dies:

- Angst vor dem Risiko,
- Selbstzufriedenheit,
- Anhaften an alten Zuständen,
- mangelnde Motivation zur Expansion.

Halten wir fest: Multiplikation ist eine erfolgreiche Strategie, um Chancen wahrzunehmen. Sind Produkte oder Dienstleistungen bereits in der Reife- oder Niedergangsphase, ist nach neuen Chancen zu suchen, die durch Multiplikation optimal ausgeschöpft werden können.

Marktnischen mit Matrix-Suchfeldern erkennen

Was ist eine Nische? Es ist ein solcher Bereich im Markt, in dem es noch kein Angebot gibt.

Die Nische stellt einen bisher unbefriedigten Bedarf dar. Das Problem bei der Chancensuche besteht darin, daß der Sucher leicht selbst zum Opfer seiner selbstgesetzten Grenzen wird. Die Chancenfeldmatrix weitet den Blick auf bisher nicht betrachtete Möglichkeiten und entdeckt so Lücken, die Sie vielleicht beim konventionellen Ideensammeln übersehen haben.

Abbildung 37 zeigt eine Suchmatrix für einen innovativen PKW. Die beiden Suchparameter sind der Fahrzeugtyp und die charakteristische Eigenschaft. Was ergibt die Analyse? Außer dem Matrixfeld 1 sind alle anderen Felder bereits durch Marktangebote abgedeckt.

Fahrzeugtyp / charakteristische Eigenschaft	Oberklasse	Mittelklasse	untere Mittelklasse	Kleinwagen (Kompakt)
Komfort				
geringer Benzinverbrauch			①	
sportlich				
rasant				
Sicherheit				

Abb. 37: Nischenmatrix für PKW

Die Nischenmatrix stellt einen Suchraum nach nur zwei Parametern dar. Soll der Suchraum nach mehreren Aspekten durchforscht werden, dann sind mehrere Matrixen zu erstellen. Um die Anzahl der Parameter nicht zu groß werden zu lassen, empfiehlt es sich sehr, nur solche Parameter auszuwählen, die eine Bedeutung für den Markt haben.

So wären zum Beispiel als Suchmatrixen für Sonnenschutzartikel folgende möglich:

1. Schutzbereich
2. Qualitätsniveau
3. Angebotsformen
4. Zielgruppe
5. Gebrauchssituation

Das Matrixsystem hilft bei der Suche nach Chancen und eignet sich für die Suche nach neuen Produkten, Dienstleistungen oder Verfahren.

Die folgende Übersicht zeigt die fünf Schritte, die bei der Chancensuche nach den Matrixsystemen getan werden müssen.

Chancensuche nach dem Matrix-System

Schritt 1: Auswahl relevanter Parameter für die Erstellung der Matrix.

Schritt 2: Erstellung einer Matrix mit zwei oder mehreren Parametern.

Schritt 3: Werden bereits Produkte zu einem Suchfeld angeboten, so wird es nicht weiter durchleuchtet, da es bereits von der Konkurrenz besetzt ist.

Schritt 4: Das Unternehmen entscheidet, welche Matrixfelder es für Unternehmensaktivitäten ausschließt. Gründe dafür sind z.B., daß das Produkt oder die Dienstleistung nicht zum Programm passen oder die Möglichkeiten des Unternehmens überfordern.

Schritt 5: Das Unternehmen untersucht, ob die interessanten Matrixfelder Möglichkeiten für Angebote bieten und ob dafür eine latente Bedarfssituation existiert.

Die Auswahl der Parameter sollte sich an ganz bestimmten Erfordernissen ausrichten, die in folgender Zusammenfassung dargestellt sind.

Die Auswahl geeigneter Parameter

Erfordernis: größere und wachsende Nachfrage

- Welcher größere Kundenbereich wird ausgewählt?
- Was ist das Bedürfnis der betreffenden Kundengruppe?
- Welche Bedürfnisse wachsen im Trend?
- Welche Produkte und Dienstleistungen sind in Zukunft mehr gefragt?

Erfordernis: Das Qualitätsniveau der Dienstleistung oder des Produktes

- Wo liegen die Know-how-Schwerpunkte und Fertigkeiten des Unternehmens?
- Welche Fertigkeiten können angeeignet werden?

Erfordernis: Behauptung gegen den Wettbewerb

- Was sind unsere Vorteile gegenüber dem Wettbewerb?
- Wie können wir uns noch mehr gegen den Wettbewerb behaupten?

Erfordernis: Einfügen in das bestehende Leistungsprogramm

- Was ist unsere Vision?
- Welche Entwicklungsmöglichkeiten bietet unsere Organisation?
- Welche neuen Bereiche können Synergien zu den bisherigen Produkten und Dienstleistungen entwickeln?

So suchen Sie nach Diversifikationsprodukten

Was die Suche nach Diversifikationsprodukten betrifft, so spielen zwei Suchparameter eine besonders wichtige Rolle:

- die Nachfrage und der Trend nach Bedarf,
- die Stärke des Unternehmens und seine besonderen Möglichkeiten und Fähigkeiten.

Diese beiden Größen werden also als Suchfeld-Matrixen (Parameter) eingesetzt. Dann wird die Suche auf die Bereiche konzentriert, die sich mit größerer Wahrscheinlichkeit für Diversifikationen eignen. Erforderlich wird es hierbei, für jede Zielgruppe eine separate Suchfeldmatrix anzulegen.

Die Matrixfelder führen zwar zu abgegrenzten Suchbereichen, beschreiben aber noch keine konkreten Diversifikationsobjekte. Die einzelnen Felder sind nun mit genaueren Fragen zu durchleuchten, um Diversifikationsobjekte herauszufinden.

Dazu ein Beispiel: Das Bauunternehmen Fensterfix stellt Überlegungen an, um chancenreiche neue Geschäftsaktivitäten zu entwickeln. Das Unternehmen stellt eine Matrix auf mit den Suchparametern „Stärke des Unternehmens" und „wachsende Trends im Bedarf". Die Felder 1 – 5 in der Matrix wurden als chancenreich angesehen. (Siehe dazu *Abbildung 38.*)

Auch Sie sollten bei der Erstellung einer Matrix darauf achten, für Sie besonders wichtige oder interessante Bereiche zu bewerten. So bietet sich die Numerierung nach Prioritäten an. Die Zahl „1" bedeutet in diesem Fall eine besonders hohe Priorität, während die Zahl „5" keine allzu hohe Priorität mehr genießt.

Nachdem die Bedeutung der einzelnen Faktoren erkannt worden ist, sollten Sie dann dazu übergehen, sich gezielte Fragen zum jeweiligen Bereich zu stellen.

Für das Unternehmen Fensterfix sahen die Fragen folgendermaßen aus:

Trends im Bedarf / Stärke des Unternehmens	größere Fenster	Wintergärten, Erker	Altbausanierungen	
	Wohnen mit mehr Lichteinfall	Individuelle Gestaltung	Wohnen mit mehr Lichteinfall	Individuelle Gestaltung
Energieersparnis	(1)	(3)	(5)	
Besondere Fähigkeiten in der Holzbearbeitung	(2)			
Besondere Fähigkeiten in der Schalldämmung				
Architekturgestaltung				
Kreativität	(4)			

Abb. 38: Suchbildmatrix eines diversifizierenden Unternehmens in der Baubranche

Feld 1

Was können wir tun, um unser Energieersparniswissen zur Entwicklung größerer Fenster mit einer erheblich besseren Wärmedämmung einzusetzen?

Feld 2

Welche Möglichkeiten ergeben sich aus unseren Fähigkeiten in der Holzverarbeitung, um größere Fenster zu bauen?

Feld 3

Welche Leistungen können wir zur individuellen Gestaltung von Wintergärten und Erkern erbringen?

Feld 4

Welche Leistungen könnten wir zu dem Wunsch „Wohnen mit mehr Lichteinfall" anbieten?

Feld 5

Welche Leistungen können wir zur Altbausanierung mit mehr Lichteinfall erbringen?

Nach Einschätzung der Marktchancen entschloß sich das Unternehmen, eine Fensterkonstruktion mit einer besseren Wärmedämmung zu entwickeln, was auch zum Erfolg führte.

Die 3R-Strategie

Eine Innovation hat erst dann eine Chance, wenn sie:

1. den Wertvorstellungen und Einstellungen der Menschen entspricht,
2. technisch realisierbar ist,
3. als Hilfe angeboten wird, einen unangenehmen kritischen Zustand zu beheben oder einen angenehmen zu erreichen.

Der Druck zur Veränderung muß eine kritische Schwelle erreichen. Solange zum Beispiel die Anzahl der Einbrüche und Diebstähle gering ist, sind nur wenige Menschen bereit, Geld für Sicherungsanlagen auszugeben. Das ändert sich jedoch dann, wenn Einbrüche und Diebstähle erheblich zunehmen. Erst dann ist der kritische Zustand erreicht, der zur Veränderung drängt.

Die oben beschriebenen drei Punkte sind für den Erfolg einer Innovation sehr wichtig. Sie eignen sich deshalb als Suchinstrument für erfolgversprechende Innovationen. Die 3R-Strategie (Drei-Richtungen-Strategie) hilft, solche Innovationen zu „entdecken", die eine größere Wahrscheinlichkeit haben, vom Markt angenommen und damit zu einem Erfolg zu werden. *Abbildung 39* zeigt die Strategie.

Wenn die wahrscheinlichen Wünsche bereits im Vorfeld erkannt werden, haben Sie sozusagen Ihre „Schäfchen im Trockenen". Die *Abbildung 39* auf Seite 146 zeigt die drei Orientierungsrichtlinien:

- kritischer Zustand,
- Wertvorstellungen,
- Technologien.

Füllt man diese drei Orientierungsmaßstäbe mit konkreten Marktgegebenheiten und kombiniert man diese Angaben untereinander, so erhält man ein recht übersichtliches Bild der aktuellen Situation und der sich daraus ergebenden Chancen.

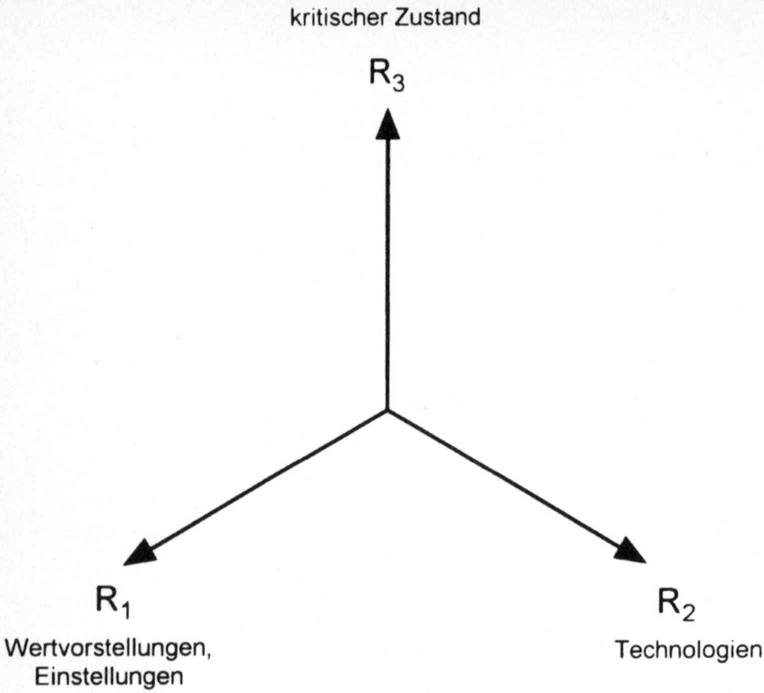

Abb. 39: 3R – Strategie

Ein Beispiel: Das Reiseunternehmen Primareisen untersucht den Markt auf mögliche Innovationen. Dazu werden drei Orientierungen (R_1, R_2, R_3) auf diesem speziellen Markt ermittelt und mit konkreten Inhalten (Angaben) gefüllt. Daraus ergeben sich folgende Kriterien:

R_1: Welche alternativen Reisemöglichkeiten gibt es?
Angaben:

- Aufenthalt auf einer Gästefarm, Beobachtungen der Flora und Fauna,
- Expedition in den Urwald,
- Bergsteigen,
- Fotoreise,
- Tauchreise.

R_2: Welche neuen Werte und Einstellungen gibt es?
Angaben:

- Betonung der Individualität,
- Selbstverwirklichung,
- Landschaftserlebnisse,
- Erlebnisse von Flora und Fauna,
- Kontakte, Freundschaft.

R_3: Welche kritischen Veränderungen sind zu beobachten?
Angaben:

- Abneigung gegen den Massentourismus,
- Reisekunden suchen mehr Wärme in der Beziehung zum Reiseveranstalter, auch in der Beziehung zu den Menschen vor Ort, mangelnde Bindung wird als unangenehm empfunden,
- Beziehungen, die nur auf Geschäftsinteressen beruhen, werden abgelehnt. Erst recht will der Kunde nicht das Gefühl haben, ausgenommen zu werden. Der Kunde hat emotionale Bedürfnisse und will im Mittelpunkt stehen.

Nun werden alle ermittelten Punkte auf der jeweiligen Pfeilachse eingetragen und in Relation zu den übrigen Punkten gestellt. Dabei werden vielversprechende Kriterien einfach mit Linien miteinander verbunden. Die sich daraus ergebenden Kreise oder Ellipsen sind Chancenfelder.

Natürlich ist eine Vielzahl von Kombinationen der Inhalte der jeweiligen Pfeilachsen möglich. In *Abbildung 40* finden Sie vier Kombinationen, die der Reiseveranstalter für sich als chancenreich empfand.

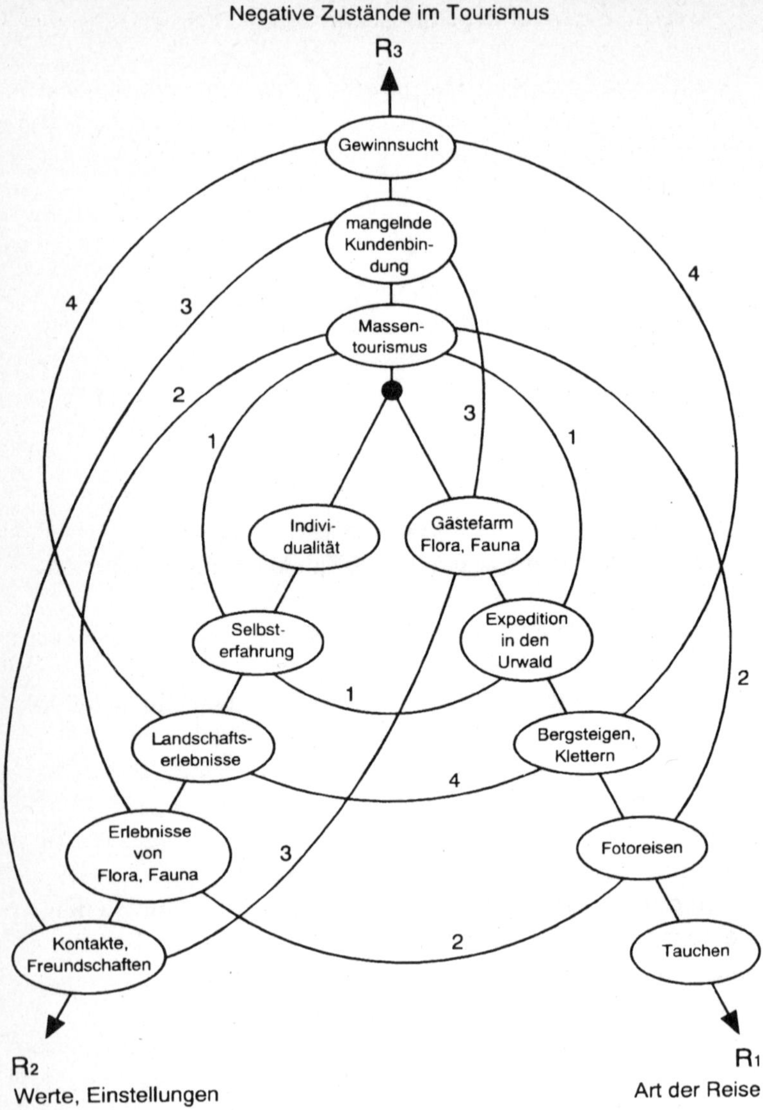
Negative Zustände im Tourismus
R3
Gewinnsucht
mangelnde Kundenbindung
Massentourismus
Individualität
Gästefarm Flora, Fauna
Selbsterfahrung
Expedition in den Urwald
Landschaftserlebnisse
Bergsteigen, Klettern
Erlebnisse von Flora, Fauna
Fotoreisen
Kontakte, Freundschaften
Tauchen
1
2
3
4
R2
Werte, Einstellungen
R1
Art der Reise

Abb. 40

Kreis 1: Expeditionen, Massentourismus, Selbsterfahrung

Expeditionen in den Urwald erfolgen außerhalb des Massentourismus. Im Ertragen von Belastungen erfährt der Teilnehmer seine eigenen mentalen und physischen Grenzen und dringt so zu Selbsterfahrung vor.

Kreis 2: Fotoreisen, Massentourismus, Erlebnisse von Fauna und Flora

Fotoreisen finden ebenfalls außerhalb des modernen Massentourismus statt. Die Erlebnisse von Flora und Fauna führen zu einer Bewußtseinserweiterung.

Kreis 3: Gästefarm, mangelnde Kundenbindung, Kontakte

Gästefarmen in landschaftlich reizvoller Gegend mit beeindruckender Flora und Fauna ermöglichen Kontakte zum Gastgeber und schaffen die Voraussetzung für die Entwicklung menschlicher Bindungen.

Kreis 4: Bergsteigen, Gewinnsucht, Landschaftserlebnisse

Bergsteigen, Klettern und Wandern im Himalaja bewirken durch die damit verbundenen körperlichen und mentalen Belastungen außerhalb der gewohnten Umgebung mit ihren Fluchtmechanismen ganz neue, bereichernde Erfahrungen.

Da sowohl die Treckingführer als auch die Gäste unter gleichen Bedingungen leben und sich die Kosten für die Träger usw. in finanziellen Grenzen halten, erweckt der Veranstalter nicht den Eindruck, nicht genügend Leistungen zu erbringen. Der Reisende hat nicht das Gefühl, als Objekt der Bereicherung von anderen zu dienen.

Nützlich ist die 3R-Strategie vor allem im Hinblick darauf, daß sie es erlaubt, die unterschiedlichsten Kriterien direkt miteinander in Relation zu bringen und somit Chancen und Risiken abzuwägen. Denn die sich aus den Kreisfeldern ergebenden Kombinationen bieten eine gute Ausgangsbasis für weitere Überlegungen beziehungsweise für die Auswahl der Alternativen.

Chancen und Risiken bewerten

Die „Qual der Wahl" beenden

Die Anwendung von Suchsystemen wie der 3R-Strategie oder Kreativitätstechniken wird bei der Suche nach neuen Produkten und Dienstleistungen sicher zu zahlreichen Ideen führen. Das Ziel der Bewertung besteht nun darin, aus dieser Vielzahl von Ideen die besten herauszufiltern. Bei einer großen Zahl von Ideen sollte der Aufwand für die Bewertung einer Idee möglichst gering, aber effektiv sein. Erst wenn die Anzahl der Ideen erheblich reduziert sind, darf der Bewertungsaufwand zunehmen. Um dieses Ziel zu erreichen, lassen sich bestimmte Filter bei der Auswahl der Alternativen anwenden.

In einem mehrstufigen Verfahren, bei dem unterschiedliche Filter zur Anwendung gelangen, wird die Anzahl der möglichen Alternativen verdichtet. *Abbildung 41* zeigt eine solche Stufenbewertung bei einer Innovation.

Als Filter dienen Bewertungskriterien, mit deren Hilfe die einzelnen Alternativen überprüft werden, ob sie bestimmte Anforderungen erfüllen. Es werden hierbei Muß- und Wunschkriterien unterschieden.

Wird ein Mußkriterium nicht erfüllt, dann entfällt die Alternative. Mußkriterien nehmen eine schnelle Auswahl vor, denn es gibt nur zwei Möglichkeiten: Ja oder Nein. Solche Mußkriterien können zum Beispiel sein:

- Beträgt der Gesamtnutzen mindestens ... Punkte?
- Ist die Innovation finanzierbar?
- Bringen wir die Fähigkeit auf, die Innovation zu realisieren?
- Kann das Produkt durch ein Patent geschützt werden?

Siegwart hat eine solche Rahmenprüfliste für erste Filter von Alternativen vorgeschlagen, die ausschließlich auf Mußzielen aufgebaut ist, eine Zusammenfassung finden Sie in *Abbildung 42*.

Eine andere Möglichkeit besteht darin, anhand von sechs einfachen Kontrollfragen den Nutzen einer Innovation zu beurteilen. Sie lauten:

Bewertungskriterien

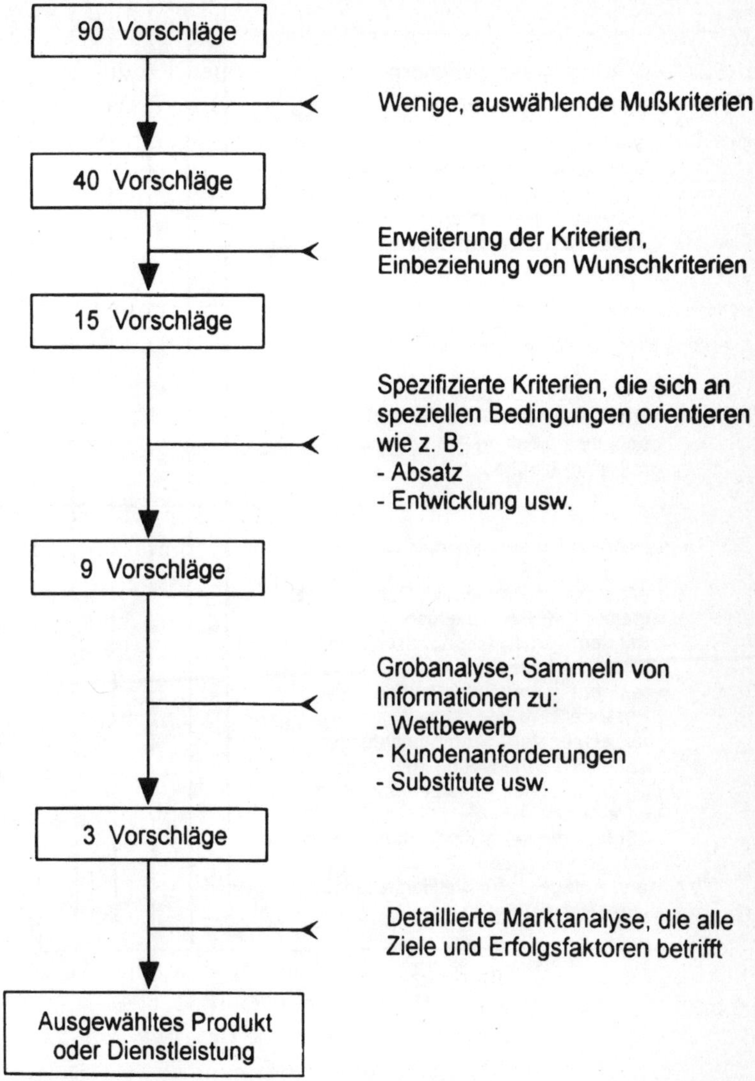

Abb. 41

Beispiel einer Rahmenprüfliste

Anforderungen	Produktidee Nr. 1	2	3	4	5	6
1. Unabdingbare Grundforderungen 1.1 Läßt sich das Problem beim gegenwärtigen techn.-wiss. Stand lösen? 1.2 Bestehen wirtschaftliche Erfolgschancen? 1.3 Wird die Innovation eine Lebensdauer von mindestens drei Jahren aufweisen? 1.4 Lassen sich die erforderlichen finanziellen Mittel auf max. ..... DM begrenzen?						
2. Unternehmenspolitische Zielsetzungen 2.1 Ist die Innovation patentierbar? 2.2 Läßt sich die Innovation in das geplante zukünftige Produktionsprogramm eingliedern?						
3. Gegenwärtige Unternehmenssituation 3.1 Läßt sich das Problem im Rahmen des eigenen F+E Bereichs lösen? - mit dem vorhandenen wissenschaftlichen Personal? - mit dem vorhandenen technischen Personal? - mit den bestehenden Einrichtungen? 3.2 Läßt sich die Innovation im Rahmen der vorhandenen Absatzorganisation vertreiben? 3.3 Läßt sich die Innovation in das bestehende Sortiment eingliedern? 3.4 Kann Anlage .... für die Herstellung eingesetzt werden?						

Abb. 42

Kontrollfragen für den Nutzen einer Innovation

1. Ist es für das Unternehmen lohnenswert, das zu tun?
2. Sind wir in der Lage, das zu tun?
3. Entstehen uns zusätzliche Kosten? Können wir sie tragen?
4. Gibt es einen starken Wettbewerb?
5. Wird es Probleme geben? Welche werden das sein? Lassen sie sich lösen?
6. Gibt es Ungewißheiten? Welche werden das sein? Wie lassen sie sich besser einschätzen?

Können Sie diese Kontrollfragen nicht eindeutig beantworten oder fällt eine der Fragen negativ für Ihre Idee aus, so sollten Sie diese Alternative oder Idee nicht weiterverfolgen, sondern die nächste Alternative überprüfen.

Nun zu einem Verfahren, das Muß- und Wunschkriterien miteinander kombiniert: Wunschkriterien erlauben es, eine weitere Auswahl zwischen den Alternativen vorzunehmen, die nach dem Filter der Mußkriterien übriggeblieben sind.

Hierbei werden auch Alternativen-Merkmale abgefragt. Optimal wäre es, wenn alle Wunschkriterien erfüllt wären. Da das jedoch nur selten möglich ist, wird diejenige Alternative ausgewählt, die möglichst viele Wunschkriterien erfüllt. Solche Wunschkriterien können zum Beispiel sein:

- Synergieeffekte zum vorhandenen Programm,
- Dauer der Entwicklung des Produktes oder der Dienstleistung,
- Entfernung zu Kunden oder Zwischenhändlern,
- Einfügen des Produktes in das bisherige Vertriebssystem.

Für jedes neue Produkt oder für jede neue Dienstleistung sollten Sie ermitteln, welche Muß- und Wunschkriterien zur Bewertung herangezogen werden. Die Auswahl der Kriterien richtet sich natürlich nach der Branche, in der Sie tätig sind, aber auch nach Ihrer jeweiligen Situation.

Im folgenden finden Sie eine detaillierte Fragenliste, die Ihnen bei der Beurteilung Ihrer Innovationsideen hilfreich sein kann:

1. Nachfragesituation

- Wie hoch wird der Bedarf am Produkt oder der Dienstleistung eingeschätzt?
- Wie wird die zeitliche Entwicklung des Bedarfs sein?
- Wird der Bedarf saisonal oder konjunkturell schwanken?
- Wie verteilt sich der Bedarf regional?
- Wie groß wird die Anzahl der Abnehmer sein?
- Wieviel Jahre wird der Lebenszyklus des Produktes oder der Dienstleistung betragen?

2. Voraussetzungen für die Fertigung des Produktes und/oder der Erstellung der Dienstleistung

- Liegt das Fertigungs-Know-how vor?
- Sind genügend Kapazitäten frei?
- Welche Verfügbarkeit für Rohstoffe und Anlagen ist gegeben?
- Besitzen wir das Dienstleistungs-Know-how?
- Verfügen wir über die notwendigen Fähigkeiten?

3. Wettbewerbssituation

- Können wir uns vom Wettbewerb abgrenzen?
- Wie groß ist die Wahrscheinlichkeit, daß der Wettbewerb das Produkt nachahmt?
- Wie groß ist die Wahrscheinlichkeit, daß dann das Konkurrenzprodukt besser angenommen wird?

4. Notwendigkeiten für den Vertrieb

- Liegt die notwendige Vertriebsorganisation vor?
- Verfügen wir über die erforderlichen Vertriebskontakte?
- Welche neuen Vertriebskanäle müssen wir erschließen?

5. Ertragserwartung und Finanzierung

- Wie ist die Kostensituation?
- Wie ist die Ertragserwartung?
- Wie wird die Preisentwicklung beurteilt?
- Wie hoch ist der Finanzbedarf für die Innovation?
- Welche Mittel sind für die Einführung notwendig?
- Welche Mittel benötigt der Vertrieb?

6. Zeit für die Realisierung der Innovation

- Wie lange wird es dauern, bis wir mit unserem neuen Produkt/unserer neuen Dienstleistung auf den Markt kommen können?
- Wie lange wird es dauern, bis wir Gewinn machen?

7. Humanfaktor

- Welche Führungsqualifikation des Managements liegt vor?
- Wie ist die Motivation des Managements für die Innovation?
- Wie ist die Motivation der Mitarbeiter für die Innovation?

8. Risiko

Wie wird das Risiko in Hinsicht auf die Kriterien 1 bis 7 eingeschätzt? Die Bewertung kann mit einem Punktesystem erfolgen.

Abbildung 43 auf Seite 158 stellt ein Ablaufschema dar, wie man von den Markt- und Unternehmensdaten ausgehend bis zur Endauswahl der Innovation vorgehen kann. Zur Auswahl der Alternativen wurden hierbei Muß- und Wunschzielsetzungen angewandt.

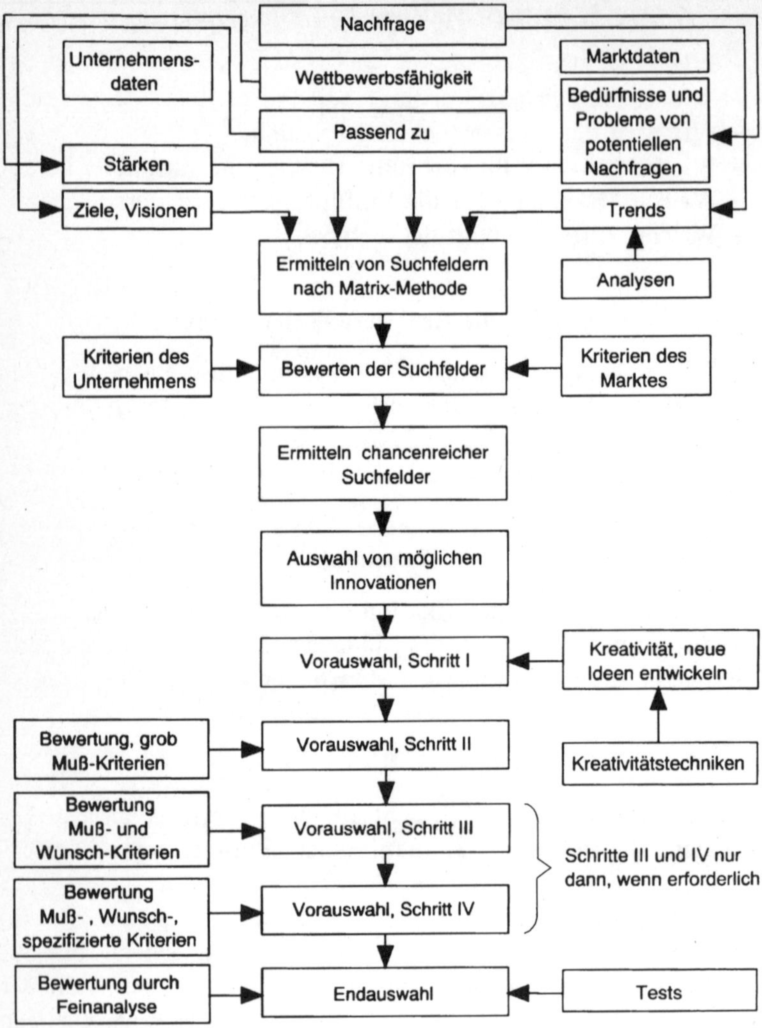

Abb. 43: Vorgänge bei der Auswahl von Innovationsvorhaben

Ein Beispiel zur Bewertung von Alternativen

Zwei Fragen müssen für eine Entscheidungsanalyse immer beantwortet werden:

1. Wie schneidet die Alternative generell ab?
2. Wie gut erfüllt sie im Vergleich mit den anderen Alternativen die Wunschzielsetzung?

Um dies herauszufinden, können Sie noch ein Punktesystem zum Einsatz bringen, in dem der Erreichungsgrad der Wunschziele mit der Gewichtung für Ihr Unternehmen multipliziert wird. *Abbildung 44* zeigt, wie dabei vorgegangen wird.

In jedem Fall müssen die Mußziele erfüllt sein. Die einzelnen Wunschziele jeder Alternative bewerten Sie auf einer Skala von 1 bis 10, wobei 10 der höchsten Gewichtung entspricht.

Der Erreichungsgrad gibt an, in welchem Ausmaß das Wunschziel erfüllt wird, wobei Sie auch hier Abstufungen von 1 bis 10 wählen sollten. Bei einem Erreichungsgrad von 10 ist das Wunschziel optimal erfüllt.

Durch die Multiplikation der Gewichtung (G) mit dem Erreichungsgrad (E) ergibt sich der gewichtete Erreichungsgrad für ein Wunschziel. Die Summe der gewichteten Erreichungsgrade einer Alternative ergibt die Punktzahl der Alternative.

In *Abbildung 44* wurden drei Alternativen gewichtet:

Alternative A: 354 Punkte,
Alternative B: 316 Punkte,
Alternative C: 261 Punkte.

Ausgehend von der Punktzahl müßte man sich eigentlich für die Alternative A entscheiden. Doch sollte man die Risiken nicht ganz aus den Augen verlieren. Wägt man die Chancen gegen die Risiken ab, so wird man sich im Zweifelsfall für eine relativ hohe Chance bei abwägbarem Risiko entscheiden, wie dies in *Abbildung 44* geschehen ist.

Kriterien		Alternative A		Alternative B		Alternative C	
I. Muß-Ziele		ja	nein	ja	nein	ja	nein
Ziel 1		x		x		x	
2		x		x		x	
3		x		x		x	
4		x		x		x	
.							
.							
.							
II. Wunschziele	**G**	**E**	**G x E**	**E**	**G x E**	**E**	**G x E**
Ziel 1	10	9	90	8	80	6	60
2	9	9	81	8	72	6	54
3	8	10	80	10	80	9	72
4	5	10	50	7	35	5	25
5	4	5	20	6	24	6	24
6	3	7	21	5	15	6	18
7	2	6	12	5	10	4	8
.							
.							
.							
			354 Pkt		316 Pkt		261 Pkt
III. Mögliche Nebenwirkungen positiv :							
negativ :							
E : Erreichungsgrad			G : Gewichtung		Pkt : Punkte		
IV. Risikoverhältnis		mittlere Wahrscheinlichkeit Tragweite: hoch		niedrige Wahrscheinlichkeit Tragweite: mittel		niedrige Wahrscheinlichkeit Tragweite: mittel	
V. Gesamturteil				Alternative **B**			

Abb. 44

Da für Alternative A das Risiko insgesamt hoch war (mittlere Wahrscheinlichkeit des Eintretens bei hoher Tragweite), wurde Alternative B ausgewählt, da bei einer niedrigen Wahrscheinlichkeit des Eintretens des schlimmstmöglichen Falles die Tragweite nur mittel war.

Je nachdem, ob Ihr Unternehmen risikofreudig ist oder nicht, kann die Entscheidung in diesem Falle natürlich auch anders ausfallen, besonders dann, wenn Alternative A hohe Gewinne verspricht (siehe hierzu auch *Seite 164).*

Abbildung 45 zeigt eine Tabelle für die Bewertung einer Alternative nach dem Umsatzpotential, nach der Vertriebsorganisation, nach Beziehungen zu vorhandenen Produkten, nach der Wettbewerbsfähigkeit, nach der Finanzierung, nach der Entwicklungszeit und nach dem Risiko. Vorgegangen wird dabei nach einem Punktesystem. Fünf Punkte geben den höchsten bzw. den optimalen Wert an. Ein Punkt bedeutet den niedrigsten Wert.

Die Gewichtung wurde diesmal anders vorgenommen: Ausgehend von einer Gesamtsumme von 100 wurden verschiedene Kriterien unterschiedlich gewichtet, so daß die theoretische Möglichkeit bestand, einem einzigen Kriterium die Bestnote 100 zu verleihen und alle anderen mit 0 zu bewerten.

Mußkriterien können zum Beispiel auf die Art einbezogen werden, daß nur solche Alternativen in Erwägung gezogen werden, bei denen einige oder alle aufgeführten Parameter in der Bewertung den Erfüllungsgrad von mindestens zwei Punkten erhalten.

In beiden Beispielen ist die Gewichtung der Faktoren und die Festlegung des Erreichungsgrades oder die Festlegung der Punkte ein mühsamer Prozeß, bei dem subjektive Gesichtspunkte natürlich nie ganz auszuschließen sind. Es werden jedoch umfassende Denkprozesse in den Diskussionen bei der Festlegung und Bewertung der Kriterien ausgelöst. Diese intensiven Gespräche führen zu einer vertieften Analyse der Alternative (n).

Die Formulierung von zielausgerichteten Bewertungskriterien und die Gewichtung schafft bei der Auswahl der Alternativen eine größere Klarheit, als wenn die Priorität der einzelnen Alternativen ohne jede Systematik ausdiskutiert wird.

Produkt-Dienstleistung Alternative I	E Bewertungskriterien nach Punkten. 5 Punkte geben den optimalen, 1 Punkt den schlechtesten Wert an.					Gewichtung G	G x E
Bewertungskriterien	5	4	3	2	1		
1. Umsatzpotential - Marktvolumen - Möglichkeiten zum Wachstum - Lebensdauer des Produktes		X				25	100
2. Vertriebssituation - Vertriebsmöglichkeiten - neue Vertriebskanäle - Vertriebskontakte			X			15	45
3. Beziehungen zu vorhandenen Produkten - Markennähe - komplementär - substitutiv - Image		X				10	40
4. Wettbewerbsfähigkeit - Vorteile gegenüber dem Wettbewerb		X				10	40
5. Finanzierung - Ertragserwartung - Finanzbedarf - Mittel für die Einführung			X			15	45
6. Entwicklungszeit - über 5 Jahre - 3-5 Jahre - 1-3 Jahre - unter 1 Jahr			X			15	45
7. Risiko			X			10	30
Summe G						100	
Summe G x E							345

Abb. 45

Risiken erkennen hilft Risiken vermeiden

Das Entscheidungsrisiko verringert sich:

- je größer die Anzahl der untersuchten Kriterien ist,
- je mehr Untersuchungen durchgeführt werden.

Trotz des Aufwandes bleibt immer noch ein Restrisiko. Vor Fehleinschätzungen und vor Überraschungen ist niemand sicher. Denn das Marktgeschehen ist sehr komplex und kann nie vollständig erfaßt werden. Das gilt ebenso für die Auswirkungen von ergriffenen Maßnahmen. Zur Zeit der Entscheidung kann nie genau übersehen werden, wann der Wettbewerb welche Neuerungen auf den Markt bringt.

Sie können aber Ihr „Restrisiko" minimieren, wenn Sie die möglichen negativen Auswirkungen der Alternativen berücksichtigen.

Nach Kepner-Taproge lassen sich Risiken bei Alternativen leichter bewerten, wenn fünf Fragen beantwortet werden.

Fragen zur Bewertung von Alternativen

- Welche Voraussetzungen für den Erfolg wurden bisher in der Analyse übersehen?
- Welche Faktoren im Unternehmen könnten die Durchsetzung erschweren?
- Welche Veränderungen im Unternehmen könnten den Erfolg reduzieren?
- Welche Veränderungen im Umfeld, Markt und Wettbewerb, könnten den Erfolg verhindern?
- Welche Schwierigkeiten könnten sich ergeben, wenn die Entscheidung durchgesetzt wird?

Kehren wir noch einmal zu *Abbildung 44* auf Seite 160 zurück. Ob für Alternative A, B oder C entschieden wird, richtet sich nicht nur nach der Punktzahl. Es sind auch Risikobetrachtungen einzubeziehen. Im einzelnen ist dazu jede Alternative getrennt zu untersuchen.

Die nachteiligen Auswirkungen einer Alternative werden nach Wahrscheinlichkeit und nach Tragweite bewertet. Dazu wird folgende Frage gestellt: ,,Wie groß ist die Wahrscheinlichkeit für das Eintreten der negativen Auswirkung?" Für die Bewertung kann der Maßstab: Hoch, mittel oder niedrig verwendet werden. Die weitere Frage ist: ,,Welche Tragweite hat das Ereignis, wenn es eintritt?" Hier bietet sich auch die Grobeinteilung: Hoch, mittel, niedrig an. Oder es können beide Bewertungen zu einem Punktsystem vereinigt werden. Dann ergibt sich bei:

1 Punkt: Unwahrscheinlich, ohne Tragweite,
10 Punkte: Sehr wahrscheinlich, hohe Tragweite.

Zwischen den beiden Extremwerten kann differenziert werden. Eine mögliche negative Auswirkung einer Alternative ist dann gegeben, wenn sie eine große Wahrscheinlichkeit des Eintretens und eine große Tragweite hat. Für den Fall einer negativen Auswirkung mit geringer (niedriger) Wahrscheinlichkeit und Tragweite liegt keine nennenswerte Gefahr vor.

Nachfolgend finden Sie eine kurze Zusammenfassung von Risiken, denen auch Sie sich bei der Realisierung einer Innovation ausgesetzt sehen können und die Sie bei Ihrer Planung berücksichtigen sollten. Beachten Sie hierzu auch *Abbildung 46.*

Innovationsrisiko

Das Risiko besteht hier darin, daß das Unternehmen mehr in eine Leistung investiert, als der Markt später an Nutzen abwirft. Über den Erfolg einer Innovation entscheidet allein der Markt. Prognosen sind immer mit Unsicherheiten behaftet. Ein typisches Beispiel für einen solchen Mißerfolg ist das Automodell Edsel, den die ameri-

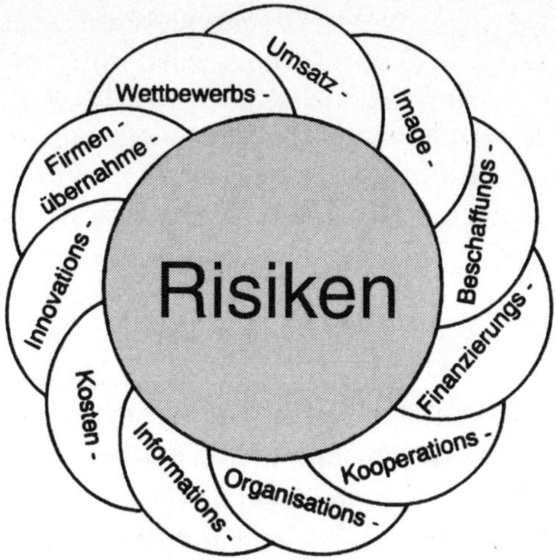

Abb. 46: Verschiedene Risiken

kanische Firma Ford auf den Markt brachte. Dieses Fiasko bescherte Ford große Verluste. Trotz umfangreicher Planung wurde das Auto vom Käufer nicht so angenommen wie erhofft.

Auf dem Gebiet der Unterhaltungselektronik ist die Quadrophonie ein Beispiel für eine Innovation, die vom Markt nicht angenommen wurde.

Das langfristige Planen wird immer schwieriger, da die künftige Wirklichkeit immer schwerer zu prognostizieren ist. Deshalb wird eine Begrenzung des Risikos dadurch versucht, daß in kritischen Phasen mit Testversuchen gearbeitet wird. Planung und die Bereitschaft zum Risiko ergänzen sich hier also gegenseitig. Die Innovationen sind nur dann möglich, wenn die Mitarbeiter sehr kreativ sind. Das erfordert, daß das Unternehmen seinen Mitarbeitern Freiräume überläßt, um so mit Eigeninitiative ihre Ideen zu verfolgen.

Umsatzrisiko

Hierbei erweist sich das Käuferpotential als nicht so groß wie erhofft. So kann es zum Beispiel passieren, daß man am Markt „vorbei" plant und ein Produkt zu teuer oder aber zu billig verkauft wird, so daß die erhofften Käufer nicht darauf anspringen.

Wettbewerbsrisiko

Das Wettbewerbsrisiko ist immer dann gegeben, wenn sich mehrere Firmen ein Nutzenpotential streitig machen. Selten ist ein Produkt so innovativ, daß man es durch ein Patent schützen kann, und damit besteht auch keine Sicherheit vor der Konkurrenz.

Finanzierungsrisiko

Eine große Gefahr besteht immer darin, wenn ein Unternehmen expandiert, aber keine richtige Finanzierung existiert. Die Finanzierung der Aufwendungen, der Lagerbestände und der Debitoren ist nicht immer gesichert. Deshalb sind für das Liquiditätsmanagement realistische Cash-flow-Analysen notwendig.

Als grundsätzliche Strategiemaßnahme gilt, nur solche Nutzenpotentiale zu erschließen, die zu einem vorgegebenen Cash-flow und einer Verzinsung des Kapitals führen. Bei der Finanzplanung ist so vorzugehen, daß auch ein weniger optimistischer Zahlungsverlauf durch die Finanzplanung gesichert ist. Eine längerfristige Planung von zwei bis sieben Jahren ist hierbei notwendig.

In kritischen Bereichen der Unternehmung, sei es in den Herstellungskosten, dem Kundendienst, dem Lagerwesen usw., sind Controllsysteme zu installieren, die diese Bereiche immer wieder ins Bewußtsein bringen, damit die Finanzplanung diese Bereiche nicht vernachlässigt.

Das Wort „Controllsysteme" wurde hier absichtlich mit „C" geschrieben und soll nicht mit der Kontrolle verwechselt werden. „Kontrolle" bezieht sich auf die Vergangenheit, „Controlling" auf die Zukunft. Bei der strategischen Betrachtung dient das Controlling zur Existenzsicherung. Controlling hilft negative Abweichungen zu erkennen, solange man noch dagegensteuern kann.

Um das Unternehmensrisiko in Grenzen zu halten, ist es eine altbewährte Strategie, sich finanzielle Reserven zu halten. Eine weitere Strategie vorsichtiger Risikopolitik besteht darin, daß nach einer starken Innovationsphase eine Phase der Konsolidierung angestrebt wird.

Kostenrisiko

Da die Kosten die Gewinne schmälern, ist eine Kostenüberwachung notwendig, um Gefahren rechtzeitig zu begegnen.

Organisatorisches Risiko

Es tritt besonders dann auf, wenn bei einer Expansion das Management oder die Belegschaft überfordert ist. So kann es passieren, daß man zwar die Expansion plant, aber gar nicht die dazu notwendige Anzahl an Mitarbeitern zur Verfügung hat.

Kooperationsrisiko

Das Kooperationsrisiko wird durch ein stufenartiges Vorgehen gering gehalten. Entwickelt sich die Zusammenarbeit positiv, wird sie ausgedehnt. Auch das Risiko des Kaufs eines Unternehmens wird nach diesem Vorgehen gering gehalten.

Beschäftigungsrisiko

Beschäftigungsrisiken sind zum Beispiel dann gegeben, wenn wegen politischer Unruhen aus anderen Ländern keine Rohstoffe ausgeführt werden können. Ein solches Risiko ergibt sich auch dann, wenn ein wichtiger Lieferant ausfällt.

Weitere Risiken wären z.B. Umweltrisiken (sie haben im schlimmsten Fall eine besonders hohe Tragweite), Imagerisiken oder Informationsrisiken.

Halten wir fest: Der visionäre Manager weiß, er muß Risiken eingehen, um sich den Veränderungen des Marktes zu stellen. Versäumt er dies, so ist sein Unternehmen nicht überlebensfähig. Der Visionsmanager versucht die für das Überleben notwendigen Risiken mit strategischer Planung so gering wie möglich zu halten. Er vermag sie zwar nicht auszuschalten, aber doch zu minimieren.

So verbessern Sie Ihre Entscheidungsprozesse

Richtiges Bewerten und Entscheiden erfordert ein großes Wissen und ein hohes Maß an Objektivität, das keine Wertung aus einseitiger Sicht zuläßt. Das Sachwissen wird durch folgende Verhaltensweisen gefährdet:

- Mangel an Einsicht und Starrköpfigkeit,
- Überschätzung des eigenen Wissens,
- kritikloses Übernehmen von Expertenmeinungen.

Das objektive Erkennen von Chancen und Risiken wird erschwert durch:

- selektive Wahrnehmung von Informationen, die unangenehm sind,
- Verzerrung von Fakten, die sowohl bewußt als auch unbewußt erfolgt,
- den Einfluß von Stimmungen, durch übertriebenen Pessimismus oder Optimismus.

Der notwendige Mut zum Risiko wird gebremst durch die Angst, vielleicht das Falsche zu tun. Hier gilt es nun, durch wohlüberlegte Entscheidungen den Innovationsprozeß in Gang zu halten. Folgende Tips habe ich Ihnen zu diesem Zweck zusammengestellt:

So verbessern Sie Ihre Entscheidungsprozesse

1. Das Entscheidungsgremium setzt sich problemorientiert zusammen.
2. Nutzen Sie zur Entscheidungsfindung alle Bewertungsmöglichkeiten.
3. Bestimmen Sie einen Moderator, der das Entscheidungsgremium bzw. das Kreativteam leitet. Die Gruppe erarbeitet die Muß- und die Wunschziele von Alternativen. Die Kriterien der Beurteilung, z.B. Gewichtung und Erfüllungsgrad, werden ebenso nach der Moderationstechnik ermittelt.
4. Falls notwendig, werden unabhängige Experten hinzugezogen.
5. Das Team ermittelt alle Risiken, die mit der Innovation verbunden sind.
6. Eine kooperative Entscheidungsfindung findet statt.
7. Die Protokolle werden aufbewahrt. Sie dienen zum Soll-Ist-Vergleich und zur Verbesserung zukünftiger Entscheidungen.

... und was macht die Konkurrenz?

Ihr Unternehmen hat nur dann Chancen, lukrative Gewinne zu erwirtschaften, wenn es selbst sehr innovativ ist. Die Strategie, die Innovationen anderer nachzumachen, ist wegen der zwangsläufig auftretenden Zeitverluste kein Erfolgsrezept.

Deshalb ist es wichtig, daß Sie sich bewußtmachen: Wie ist Ihr bzw. das Innovationsverhalten Ihres Unternehmens im Vergleich zum Wettbewerb?

Abbildung 47 auf Seite 172 zeigt eine Stärken-Schwächen-Analyse für die Innovationstätigkeit zweier Unternehmen. In der Analyse sind verschiedene Kriterien nach einem Punkteverfahren bewertet worden. Wie aus *Abbildung 47* zu erkennen, ist Unternehmen A (seine Punktwerte sind mit Kreisen gekennzeichnet) gegenüber Unternehmen B (die Punktwerte sind mit Vierecken gekennzeichnet) im Vorteil.

Machen Sie sich mit Hilfe eines Leerschemas analog zu *Abbildung 47* ein möglichst genaues Bild vom Innovationsverhalten Ihrer wichtigsten Wettbewerber. In der Regel werden Sie deren Stärken und Schwächen durchaus kennen, doch mit Hilfe des Schemas werden Ihnen die eigenen Stärken und Schwächen gezielt vor Augen geführt, so daß sich vielleicht die eine oder andere kreative Lösungsmöglichkeit daraus ergibt. Sehen Sie sich hierzu noch einmal *Abbildung 21* auf Seite 74 an, in der Sie die kritischen Erfolgsfaktoren Ihrer Konkurrenten ermittelt haben.

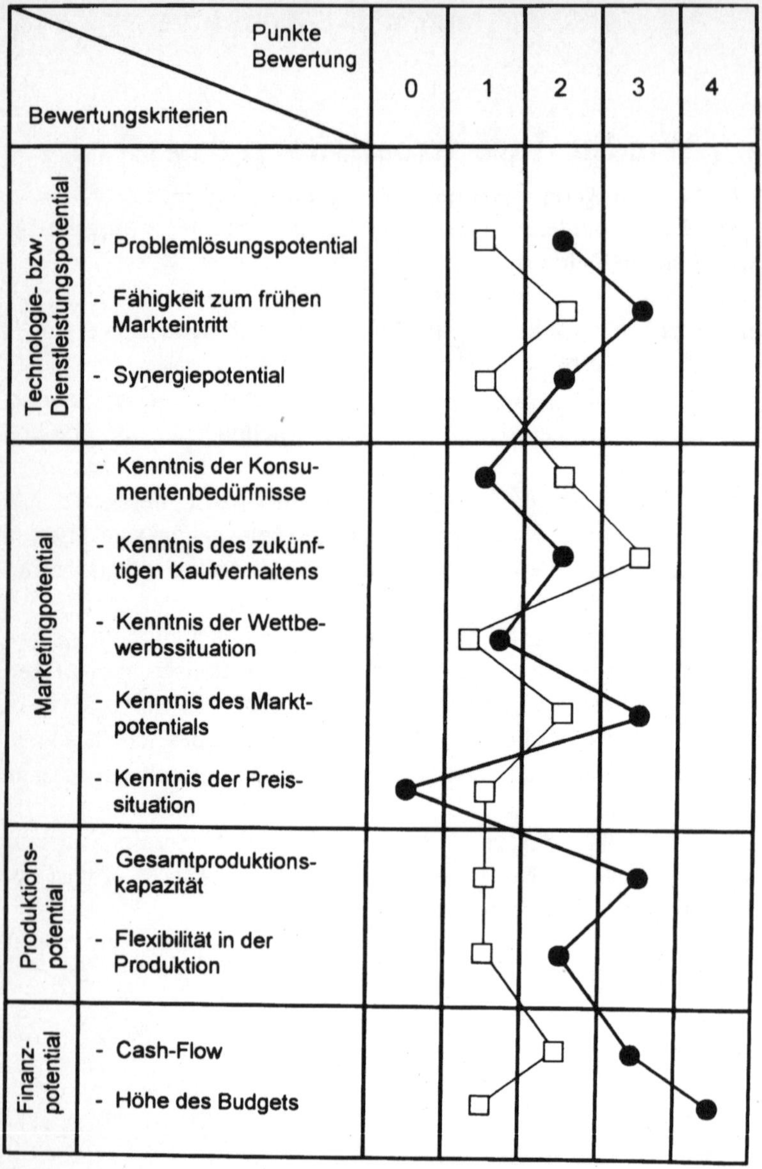

Abb. 47: Stärke-Schwächen-Analyse für die Innovationstätigkeit

Wie Sie Ihre Kreativität verbessern, um innovativ zu werden

Von der Vision zur Kreativität

Eine Vision entwickelt sich dadurch, daß über folgende Fragen nachgedacht wird:

Was ist in Zukunft möglich? Was wünschen die Menschen in Zukunft? Wo wollen wir als Unternehmen hin?

So entstand Anita Roddicks Vision, auf natürlicher Grundlage Kosmetikartikel herzustellen, und zwar zu solchen Preisen, daß sie am Markt abzusetzen sind. Auch die Sofortbildkamera entstand auf diese Weise.

Visionen benötigen zwar Kreativität, um sich zu entwickeln, es ist aber noch ein wesentlich höheres Maß an Kreativität erforderlich, eine Vision in die Tat umzusetzen.

Wie schon erwähnt, läßt sich die Vision nur durch Innovationen verwirklichen. So gut wie jede Vision bedarf einer „praktischen Innovation", um das gewünschte Produkt zu schaffen. So manche Vision ist durch viele größere und kleinere Innovationen in die Realität umgesetzt worden. So waren zum Beispiel zehn Jahre erforderlich, um die Just-in-Time Produktion bei Toyota zu realisieren.

In diesem Kapitel wollen wir uns mit der Kreativität beschäftigen, die zu innovativen Produkten und Dienstleistungen führt. Es gibt zwar viele Ideen, doch nur zu oft lassen sie sich nicht verwirklichen. Deshalb ist es so wichtig, mit Ideen solche Innovationen zu schaffen, die auch vom Markt angenommen werden.

Im einzelnen spielen sich folgende Prozesse ab:

Die Vision führt zum Erkennen einer Chance und umgekehrt.

↓

Aus der Vision ergibt sich eine kreative Aufgabe zur Verwirklichung der Vision.

↓

Mit Kreativität werden alternative Lösungsmöglichkeiten entwickelt, um Innovationen zu erreichen.

↓

Die verschiedenen Alternativen werden bewertet, und eine Entscheidung wird getroffen.

↓

Die Innovation wird realisiert.

In diesem Kapitel möchte ich Ihnen nun eine Reihe erfolgreicher und erprobter Methoden vorstellen, mit deren Hilfe sich leichter kreative Ideen produzieren lassen.

Sehen Sie sich einmal die folgenden Verfahren an, und entscheiden Sie dann, welches Verfahren für Sie in Frage kommt.

Beginnen Sie zunächst mit *Abbildung 48* auf Seite 176, die Ihnen zusammenfassend ein paar Möglichkeiten zeigt, gegen die eigenen inneren Scheuklappen vorzugehen.

Steigerung der Kreativität	
Scheuklappen	**Übungen gegen Scheuklappen**
1. Widerstand gegen Wandel.	1. Jeden Tag neue Ideen.
2. Vertrauen auf Regeln und Konformität.	2. Das Gewohnte verlassen. Richtlinien müssen nicht strikt, sondern flexibel gehandhabt werden. Machen Sie einmal im Monat etwas, das aus dem üblichen Rahmen fällt.
3. Furcht und Zweifel, Unsicherheit, fehlendes Selbstbewußtsein, Furcht vor Kritik.	3. Bejahungsübungen helfen.
4. Zu großes Vertrauen auf Logik und Präzision. Viele Manager legen mehr Wert auf Methoden als auf Ergebnisse.	4. Ersetzen Sie mechanistische Ansätze zur Lösung von Problemen durch freie und kreative Methoden. Visualisierungsübungen verstärken Ihre Kreativität.
5. Schwarz-Weiß-Denken. Wer in "entweder oder" denkt, der reduziert die Anzahl der Lösungen.	5. Erkennen Sie immer mehrere Lösungen. "Der Chef erkennt Standpunkte, an die wir nicht gedacht haben."
6. Nur auf die praktische Anwendbarkeit ausgerichtet.	6. Bewerten Sie erst später, nicht sofort. (Kreativitäts-Training) Verschieben Sie einmal pro Woche ein Urteil über eine neue Idee.

Abb. 48

Visualisierungsübung

Eine Möglichkeit, wie Sie Ihr Vorstellungsvermögen – und damit eine der Grundvoraussetzungen für kreatives Denken – trainieren können, sind Visualisierungsübungen.

Und so geht es: Sie betrachten ein Bild oder einen Gegenstand. Nach einigen Sekunden schließen Sie die Augen und versuchen, das Bild oder den Gegenstand bei geschlossenen Augen zu sehen. Wenn Sie das nicht schaffen, schauen Sie wieder das Bild oder den Gegenstand einige Sekunden an. Dann schließen Sie die Augen. Sehen Sie ein ungefähres Bild, dann halten Sie es in Ihrer Vorstellung aufrecht. Verschwindet das Bild, dann versuchen Sie es in Ihrer Vorstellung wieder aufzubauen. Schaffen Sie es nicht, dann schauen Sie sich das Bild oder den Gegenstand wieder an.

Diese Übung sollten Sie immer mal wieder machen, denn sie hilft nicht nur dabei, bereits vorliegende Gegenstände oder Bilder möglichst vollständig im Gedächtnis zu behalten, sondern sie trainiert ganz allgemein Ihr Vorstellungsvermögen. Haben Sie dann eine Idee für ein neues Produkt, wird es Ihnen leichter fallen, es in allen Einzelheiten Ihren Vorgesetzten, Kollegen oder Mitarbeitern vorzustellen.

Das Brainstorming

Die Brainstorming-Methode ist von Alex Osborn entwickelt worden. Sie ist die am häufigsten angewandte Methode zur Ideenfindung. Diese Methode ist eine intuitive kreative Methode, um erfolgreiche Ideen zu entwickeln. Die Regeln bei der Durchführung der Brainstorming-Methode haben den Zweck, Blockaden im kreativen Denken aufzulockern.

Die Zusammensetzung des Teams

Das Team wird gemäß der Aufgabenstellung zusammengestellt.

In das Team werden Mitglieder aus den verschiedenen Bereichen des Unternehmens eingeladen.

In der Maschinenbauindustrie zum Beispiel sind das Mitarbeiter aus der Konstruktion, der Entwicklung, der Arbeitsvorbereitung, der Produktion, dem Einkauf, dem Verkauf, dem Marketing, der Qualitätskontrolle und der Finanzabteilung. (Es empfiehlt sich in machen Fällen, auch die wichtigsten Lieferanten und die wichtigsten Kunden einzuladen.) Bestehen zwischen den Teilnehmern große hierarchische Unterschiede, so wirkt sich das oft hemmend auf den Ideenfluß aus.

Die optimale Teilnehmerzahl ist sieben, sie kann aber auch bis zu zwölf Personen betragen.

Der Raum hat störungsfrei zu sein, darin befinden sich auch mindestens ein Flipchart und eine Pinnwand.

Ein Teamleiter sorgt dafür, daß die Sitzung nach den noch im folgenden genannten Regeln verläuft. Der Teammoderator erklärt die Aufgabenstellung. Der Teammoderator achtet darauf, daß es während der Sitzung zu keiner zu großen Abweichung von der Aufgabenstellung des Problems kommt. Er sorgt auch dafür, daß die Regeln eingehalten werden.

Ein Protokollführer hält die Ideen fest. Vorteilhaft ist es, wenn ein Tonband mitläuft.

Die vier Grundregeln des Brainstorming

1. Keine Kritik!
   Die Bewertung der Ideen erfolgt später.
2. Den Ideen wird freier Lauf gelassen.
   Die Ideen der Teilnehmer werden aufgegriffen und weiterentwickelt. Eine unpraktische Idee löst oft praktische Ideen aus. Beim Brainstorming geht es darum, auf die positiven Aspekte einer Idee aufzubauen und durch weitere Gedanken die Idee zu verbessern. Je ausgefallener die Idee, desto besser, eine Idee, die im Anfang wenig zu bringen scheint, kann durch ein anderes Mitglied so verändert werden, daß die spätere Bewertung etwas Brauchbares ergibt. Das führt zu einem Gruppenergebnis, das den Ideen eines einzelnen Menschen überlegen ist.
3. Die Ideen anderer Teilnehmer sollen aufgegriffen und weiterentwickelt werden.
4. Es sollen möglichst viele Ideen produziert werden.
   Je größer die Anzahl der Ideen ist, desto größer ist die Anzahl der Ideen, die zu einem praktischen Ergebnis führen. Nach der Erfahrung sind höchstens zehn Prozent der Ideen zu verwerten.

Die Dauer der Brainstorming-Sitzung

Die Dauer einer Brainstormsitzung sollte 40 Minuten nicht überschreiten. Der Moderator beendet die Brainstormsitzung dann, wenn keine Ideen mehr produziert werden.

Die Bewertung der Ideen

Da die Teammitglieder auch nach der Sitzung noch Ideen entwickeln, ist es ratsam, den Teammitgliedern ein Protokoll der Sitzung zuzuleiten. In dieses Protokoll kann jedes Teammitglied seine weiteren Ideen eintragen.

Etwa drei bis fünf Tage nach der Sitzung wird vom Team die Bewertung der Ideen vorgenommen. Hierbei werden die Ideen daraufhin untersucht, ob sie sich verwerten lassen. Die Ideen werden nach folgenden Gesichtspunkten geordnet:

1. Ideen, die sich sofort praktisch verwerten lassen,
2. Ideen, die weitere Versuche erfordern und die sich mit Wahrscheinlichkeit realisieren lassen,
3. Ideen, die sich nicht realisieren lassen.

Die Brainwriting-Methode 6-3-5

Die Brainwriting-Methode hat das Ziel, die Teilnehmer wechselseitig zu neuen Ideen anzuregen. Hierbei werden die Ideen aufgeschrieben. Die Methode ist von Rohrbach entwickelt worden und zählt zu den bekanntesten Kreativitätsmethoden. Bei dieser Methode wird der Teilnehmer in verstärktem Maße dazu gebracht, die Ideen eines anderen Teammitgliedes zu erweitern. Die Methode 6-3-5 hat ihren Namen erhalten, weil:

- 6 Teilnehmer immer
- 3 Ideen entwickeln und hierauf etwa
- 5 Minuten verwenden.

Die Durchführung

Jeder Teilnehmer enthält das abgebildete Formblatt (siehe *Abbildung 49*).

1. Die Aufgabe wird genannt und das Problem bzw. die Aufgabe erläutert und genau beschrieben.
2. Jeder Teilnehmer erhält ein Formular und trägt in die oberste Zeile drei Ideen ein. Die zur Verfügung stehende Zeit beträgt etwa fünf Minuten.
3. Jeder Teilnehmer gibt sein Formular an den rechten Nachbarn weiter und bekommt das Formular seines linken Nachbarn.
4. Jeder Teilnehmer hat nun drei Ideen seines Nachbarn auf dem Blatt und trägt nun in die nächste Spalte drei völlig neue oder abgewandelte oder ergänzende Ideen zu den vorher aufgeschriebenen Ideen ein. Die Zeit, die dafür zur Verfügung steht, beträgt etwa fünf Minuten.
5. Danach werden die Blätter nach demselben Verfahren weitergereicht, bis jeder wieder seine eigenen Notizen vor sich hat.

Brainwriting-Methode 6-3-5

Problem:		Datum: Blatt-Nr.:

Abb. 49

Wenn jeder der Teilnehmer nur die erwähnten fünf Minuten benötigt, ist das Verfahren nach 30 Minuten beendet. In der Praxis dauert das Verfahren allerdings länger. Insgesamt werden nach dem Verfahren 3 x 6 x 6 = 108 Ideen entwickelt.

Hierbei läßt es sich nicht vermeiden, daß Felder frei bleiben, weil keine neuen Ideen entwickelt werden. Ebenfalls sind Wiederholungen von Ideen nicht zu verhindern.

Die zweite bzw. dritte Bearbeitung erfordert wegen der großen Anzahl der vorliegenden Ideen zwischen 10 und 15 Minuten pro Teilnehmer. Die Methode 6-3-5 ermöglicht eine Bearbeitung eines Problems in mehreren Gruppen. Jeder Teilnehmer kann sich äußern und wird nicht wie eventuell beim Brainstorming durch überaktive Persnen in seinen Aktivitäten behindert. Bei komplexen Aufgaben könnten außerdem die mündlichen Beiträge störend wirken.

Die Bewertung der Ideen

Die Methode 6-3-5 hat große Vorteile für die Bewertung. So kann zum Beispiel jeder Teilnehmer drei solcher Ideen kennzeichnen, die als besonders erfolgversprechend erscheinen. Vorschläge, die mehr als drei Kennzeichen enthalten, werden von der Gruppe in einem Brainstormverfahren weiter verbessert.

Der Brainwriting-Pool

Das Verfahren

Das Verfahren wurde vom Battelle-Institut geschaffen. Sechs bis acht Teilnehmer sitzen um einen Tisch, auf dem die abgebildeten Brainwriting-Pool-Blätter von *Abbildung 50* liegen. In diese können bis zu zehn Vorschläge eingetragen werden.

Brainwriting-Pool-Formular	
1	
2	
3	
4	
5	
6	
7	
8	
9	
10	

Abb. 50

Jeder Teilnehmer nimmt ein solches Formblatt vom Tisch und trägt so viele Vorschläge ein, wie ihm einfallen. Fallen ihm keine Lösungsvorschläge ein, legt er das Blatt auf den Tisch (Pool) und nimmt ein anderes Blatt zur Hand, auf dem ein anderer Teilnehmer seine Ideen geschrieben hat. Von diesen Ideen wird er zu weiteren Ideen angeregt. Ist der Ideenfluß am Ende, so nimmt man ein anderes Blatt zur Hand.

Die Dauer

Das Verfahren benötigt mindestens 40 Minuten. Der Vorteil des Brainwriting Pools liegt in der Vermeidung von Wartezeiten, wie sie bei der 6-3-5-Methode anfallen. Jeder Teilnehmer kann seinem individuellen Rhythmus folgen.

Die Bewertung der Ideen

Bei diesem Verfahren können in einer halben Stunde zwischen 50 – 80 Ideen entwickelt werden.

Bei diesem Verfahren haben alle Teilnehmer Zugriff zum Pool, und etwa 80 % der Ideen können eingesehen und danach diskutiert werden.

Die morphologische Analyse

Die morphologische Analyse ist von Fritz Zwicky entwickelt worden.

Die morphologische Analyse ist eine analytisch-systematische Methode zur Ideenfindung. Hierbei wird versucht, die Vielfalt von tatsächlichen und möglichen Erscheinungsformen durch geeignete Gliederungskriterien zu ordnen und zu erfassen.

Die Methode beschreibt die wichtigsten Parameter und deren Variablen eines Produktes oder einer Leistung. Parameter sind die bei allen Lösungen wiederholt existierenden Merkmale, die unterschiedlich gestaltet werden können. Die Variablen sind die unterschiedlichen Ausprägungen der Parameter.

Die Vorgehensweise

Ganz allgemein wird bei der morphologischen Analyse wie folgt vorgegangen:

1. Es wird eine Analyse bzw. Definition des Problems vorgenommen.
2. Die Parameter werden bestimmt.

Die Schwierigkeit beim morphologischen Verfahren ist die Bestimmung der Parameter. Hilfreiche Fragen für die Auswahl der Parameter sind zum Beispiel:

„Welche Funktionen hat die zu entwickelnde Lösung zu erbringen?"

„Welche Eigenschaften werden von der Lösung erwartet?"

Zur Sammlung des Stoffes eigenen sich Stellwände, an die die Vorschläge der Teilnehmer auf Kärtchen angeheftet werden. Die Vorschläge sind zu überprüfen, ob sie sich als Parameter eignen. Hierbei werden Oberbegriffe wie z.B. Handhabung und Einzellösungen ausgeschieden und übergeordnete Parameter gesucht. Bei der Auswahl der Parameter gilt folgendes zu beachten:

- Die Parameter müssen für alle denkbaren Lösungen gelten und nicht nur für einen Teil der Lösungen.
- Die Parameter müssen voneinander unabhängig sein.
- Es sind nur solche Parameter zu wählen, die eine wesentliche Bedeutung für die Lösung besitzen.
- Werden „Parameter" wie z.B. Kosten von der Lösung bestimmt, werden Sie nicht als Parameter übernommen.
- Die Anzahl der Parameter sollte auf fünf bis sieben beschränkt werden.

Danach geht man folgendermaßen vor:

1. Die Variablen werden bestimmt. Dazu werden die Parameter auf ihre Ausprägungen hin untersucht.
2. Die ermittelten Parameter werden auf eine senkrechte Achse angeordnet, die Variablen auf der horizontalen (siehe *Abbildung 51*).

Parameter	Variablen der Parameter			
	V_1	V_2	V_3	V_4
P_1				
P_2				
P_3				
P_4				
P_5				

Abb. 51

Nun werden Kombinationen ermittelt. Im Bild würde es, falls alle Kästchen ausgefüllt worden sind, 5 x 5 x 5 x 5 = 625 Möglichkeiten ergeben. Aus dieser Zahl werden nur die verheißungsvollsten Lösungen ausgewählt. Häufig gelingt die Auswahl der optimalen Lösung dadurch, daß die günstigsten Ausprägungen jeder Zeile zu einer Lösung kombiniert werden. Manchmal ist es aber auch so, daß eine Auswahl nichtoptimaler Ausprägungen in der Kombination zu ganz besonderen Vorteilen führen.

Abbildung 52 zeigt ein zweiachsiges Ideenmodell für ein Steuerventil. Darin sind fünf Parameter ($P_1 - P_5$) zur Art des Ventils und vier Variablen ($V_1 - V_4$) eingezeichnet. In diesem Beispiel werden Alternativlösungen gesucht, die die Mengenregelung optimal erfüllen.

So könnte zum Beispiel ein Schieberventil aus Kunststoff gepreßt mit Gummidichtung und pneumatischer Steuerung vorgeschlagen werden. *Abbildung 53* zeigt eine Matrix, mit der ein Schriftsteller die Grundgedanken zu einem Krimi entwickelt. Hierbei wurden sie-

Parameter	Variablen der Parameter			
	V_1	V_2	V_3	V_4
Art des Ventils	Herstellungsverfahren	Werkstoff des Hauptteils	Dichtung	Betätigung
P_1 Nadelventil	gegossen	Stahl	Gummi	elektrisch
P_2 Ringventil	gezogen	Kupfer	Metall	manuell
P_3 Tellerventil	gepreßt	Messing	Papier	hydraulisch
P_4 Kugelventil	geschmiedet	Kunststoff	Filz	pneumatisch
P_5 Schieberventil	gedreht	Aluminium	Leder	mechanisch

Abb. 52

Parameter		Variablen der Parameter				
		V_1	V_2	V_3	V_4	V_5
P_1	Titelfigur	Kriminalist	Filmstar	Frauenarzt	General	Gangster
P_2	Handlungsort	Paris	Türkei	Intercity	Flugzeug	China
P_3	Mörder	Spion	Millionär	Prostituierte	Studentin	Minister
P_4	Todesursache	Erschießen	Gift	Ertränken	Autounfall	Selbstmord
P_5	Motiv	Geldgier	Rache	Verrat	Lustmord	Eifersucht
P_6	Aufklärung	Indizien	Zufall	Geheimdienst	Titelheld	Mafia
P_7	Ende	Selbstmord	Hinrichtung	Mörder im Gefängnis	Autounfall	Flugzeugabsturz

Abb. 53: Morphologische Matrix zur Entwicklung eines Krimis

ben Grundgedanken (Parameter) gewählt. Zu jedem der Grundgedanken wurden fünf verschiedene Varianten gewählt, die die Variablen der Parameter darstellen. Mit Hilfe dieser Matrix hat ein Schriftsteller eine große Zahl von Möglichkeiten für seinen Krimi zur Auswahl.

Attribute Listing (modifizierte Morphologie)

Die Vorgehensweise

Das Attribute Listing geht nach folgenden Schritten vor:

1. Das Produkt, das Verfahren oder die Dienstleistung wird in einzelne Eigenschaften, Einzelteile oder Merkmale zerlegt (Attribute).
2. Die einzelnen Merkmale des Objektes werden beschrieben, um den Ist-Zustand (derzeitige Lösung) zu beschreiben.
3. Dann wird versucht, die existierenden Eigenschaften zu verändern. Es erfolgt eine systematische Suche nach Veränderungsmöglichkeiten eines jeden Attributs. *Abbildung 54* ist ein Beispiel für ein Attribute Listing zur Gestaltung eines Telefons.
4. Die veränderten Eigenschaften werden auf ihre Verwendbarkeit überprüft.

Attribute Listing				
Merkmal	derzeitige Lösung	Alternativen		
Wahlscheibe	Tastendruck	Schiebeskala	Kanalwähler	akustische Übertragung
Material	Kunststoff	Aluminium	Edelholz	Mineral
„Klingel“	Klingeln	Musik	Lichtimpuls	Gong

Abb. 54: Attribute Listing zur Gestaltung eines Telefons

Die SIL-Methode

Die SIL-Methode wurde von H. Schlicksupp entwickelt. Bei dieser Methode werden besonders gute Gedanken der Sitzungsteilnehmer herausgearbeitet und zu einer Gesamtlösung integriert. ,,SIL" bedeutet hier die Abkürzung von ,,Systematische Integration von Lösungselementen".

Die Vorgehensweise

Die Teilnehmerzahl sollte sechs bis acht Teilnehmer betragen. Zunächst wird das Problem analysiert und definiert. Jedes Teammitglied schreibt daraufhin alle Ideen auf, die ihm einfallen. Dafür werden etwa 15 Minuten verwendet. Dann berichtet der erste Teilnehmer über seine Ideen mit Stichworten und ergänzenden Ideen. Danach werden die Lösungen von allen Teilnehmern diskutiert und das von allen herausgearbeitet, was an den Ideen gut ist. Der zweite Teilnehmer verfährt auf dieselbe Weise. Auch hierbei ermittelt die Gruppe, was am Vorschlg gut ist. Die Gruppe entwickelt dann eine erste integrierte Lösung, in die die Vorteile des ersten und des zweiten Vorschlages verarbeitet sind.

Danach trägt ein dritter Teilnehmer seine Ideen vor, die ebenfalls visualisiert werden und deren Vorteile herausgearbeitet werden. Danach entwickelt die Gruppe eine zweite integrierte Lösung. Es wird so lange nach diesem Muster verfahren, bis alle Lösungen der Teilnehmer vorgetragen und die guten Ideen integriert wurden.

Abbildung 55 zeigt ein Formular für die Anwendung der SIL-Methode.

Abbildung 56 auf Seite 194 zeigt anhand der SIL-Methode, wie versucht wurde, Möglichkeiten zur Umsatzsteigerung zu finden.

Der Zeitaufwand für die SIL-Methode beträgt zwei bis drei Stunden, der Aufwand lohnt sich aber aus Erfahrung.

SIL-Methode

Einzelvorschläge der Teilnehmer	Am Vorschlag ist gut	Integrierte Lösungen

Abb. 55

SIL-Methode
Wie läßt sich der Verkauf steigern?

Einzelvorschläge der Teilnehmer	Am Vorschlag ist gut	Integrierte Lösungen
Mehr Kundenbesuche allgemein	Aufwand steigern →	Steigerung der Besuchszahl bei Kunden im mittleren und großen Umsatzbereich
Altkunden häufiger besuchen	größere Chancen für Verkäufe →	↓
Weniger Kleinkunden besuchen	Zeitgewinn für umsatzstärkere Kunden	Kleinkundenbesuche reduzieren ↓
Gespräche verbessern durch Visualisierungshilfen, wie Modelle, Fotos, etc.	Sammlung von Fotos →	Mappe mit Fotos einsetzen ↓
Argumentation verbessern	Wettbewerbsvorteile herausstellen →	Wettbewerbsvorteile mit Fotos dokumentieren
	usw.	

Abb. 56

Ein Beispiel für ein kreatives Unternehmen

Leider haben einige Unternehmen noch nicht die Bedeutung von Kreativitätstechniken erkannt, um erfolgreicher im Wettbewerb zu werden.

Für die Firma Bauku in Wiehl ist die Anwendung von Kreativitätstechniken allerdings schon lange selbstverständlich. Die Erfolge sind offenkundig. Das Unternehmen Bauku arbeitet auf dem Gebiet des Grundwasserschutzes und hat die Herausforderung angenommen, solche Abwasseranlagen zu schaffen, die den Schutz des Grundwassers garantieren.

Die große Kreativität des Unternehmens drückt sich u.a. in folgender Tatsache aus: Bauku hat Lizenzproduktionen in die ganze Welt vergeben.

Nach Bauku-Verfahren arbeiten viele Länder in Europa, Indien, USA, Kanada, Mittelamerika, Australien, Korea, Malaysia und Japan.

Diese Spitzenleistungen sind nur möglich, weil Umweltschutz, Innovation, Produktqualität und Kundennutzen für das Unternehmen höchste Grundwerte darstellen. Diesen Grundwerten sind die Unternehmer Manfred und Marcus Hawerkamp zutiefst verpflichtet.

Wie Sie sich organisieren sollten, um Ihre Visionen umzusetzen

Anforderungen an die Organisationsstrukturen

Organisationsstrukturen haben das Ziel, eine Vision in die Tat umzusetzen. Die Vision, die Werte, das Hauptgeschäft und die Kundengruppen bestimmen die feste Struktur eines marktorientierten Unternehmens. Nach Peters und Waterman dient diese Struktur als Orientierungsmarke, die die alltägliche Komplexität überschaubarer machen soll.

Da sich jedes Unternehmen auf die Veränderungen am Markt und bei den Kunden einzustellen hat, müssen sich auch seine Organisationsstrukturen den Veränderungen anpassen.

Um den Veränderungen am Markt zu folgen, muß eine weitgehende externe und interne Vernetzung erfolgen. Die externe Vernetzung erfolgt durch Trendanalysen, das Lead-User-Konzept, Branchenanalysen, Wettbewerbsanalysen und den Service. Interne Vernetzungsprozesse werden z.B. durch bereichsübergreifende Teams geschaffen, die an Planungs- und Entwicklungsprozessen arbeiten. *Abbildung 57* gibt eine Übersicht zu den festen und flexiblen Strukturen und den externen und internen Netzwerken.

Die Fehler früherer Organisationsformen, die auf viele Hierarchien und funktionale Abteilungsorganisation aufbauen, sind:

- Entfernung vom Kunden, zu große Organisationsstruktur,
- weniger Erfolg durch zuviel Hierarchien,
- keine Möglichkeiten zum unternehmerischen Denken für die Mitarbeiter,
- kein schnelles Reagieren auf Entwicklungen am Markt.

Halten wir fest: Die klassische, rein funktionale Organisation des Betriebs mit der Einteilung des Unternehmens in Funktionsbereiche wie Forschung und Entwicklung, Produktion, Verkauf und Marketing und Finanzen ist nicht die effizienteste Organisationsform, um auf den Markt optimal zu reagieren.

Anforderungen an die Organisationsstruktur

I. Feste Struktur als Orientierungsmarke

- Vision
- Hauptgeschäft
- Werte

II. Flexible Strukturen als Vernetzungsprozesse

Externe Netzwerke

- Trendanalyse
- Lead-User Konzept
- Branchenanalyse
- Wettbewerbsanalyse
- Service
- Kundendienst

Interne Netzwerke

- Bereichsübergreifende Teams und Projektgruppen arbeiten an Planungs- und Entwicklungsprozessen
- Promotoren
- Profit-Center

Abb. 57

Die Ziele des Unternehmens werden heute besser erreicht durch:

- Projektmanagement,
- Divisionalisierung,
- strategische Geschäftseinheiten und Profit-Center-Konzepte,
- vernetzte Strukturen.

Ziel einer optimalen Organisationsform ist die ständig lernende Prozeßorganisation.

Zehn Grundsätze zur Gestaltung effizienter Organisationsstrukturen

In den USA wurden durch McKinsey zehn Regeln zur Gestaltung von Organisationen entwickelt, um optimale Strukturen zu entwickeln.

Zehn Grundsätze zur Organisationsentwicklung

1. Organisieren Sie besonders Abläufe, sie sind das Kerngeschäft des Unternehmens.
2. Reduzieren Sie Hierarchien, indem Sie die Unterteilung von Abläufen auf ein Mindestmaß beschränken.
3. Beziehen Sie Spitzenleute des Unternehmens in die Gestaltung erfolgsentscheidender Abläufe ein.
4. Beurteilen Sie Mitarbeiter mit einer Skala, die sich an der Kundenzufriedenheit orientiert.
5. Lassen Sie Teams die Organisation verbessern.
6. Geben Sie Mitarbeitern soweit wie möglich Managertätigkeiten.
7. Machen Sie es Mitarbeitern zur Aufgabe, Tätigkeiten in Abläufen zu erarbeiten.
8. Geben Sie Mitarbeitern mehr Informationen, und befähigen Sie die Mitarbeiter, diese Informationen richtig auszuwerten.
9. Ermöglichen Sie es jedem Mitarbeiter, aus möglichst vielen Kunden- und Lieferantenkontakten zu lernen.
10. Belohnen Sie die Leistungen des Teams und jede Leistungssteigerung einzelner Mitarbeiter.

Die innovative Prozeßorganisation

Der große Vorteil des japanischen Managements liegt in der ganzheitlichen Betrachtung aller Prozesse, ausgehend vom Lieferanten, dann entlang der Wertschöpfungskette innerhalb des Unternehmens bis zum Kunden, dessen Zufriedenheit angestrebt wird. Beim prozeßorientierten Arbeiten wird die Wertschöpfung in eine Folge überschaubarer Prozesse gegliedert, deren Ergebnis von den Mitarbeitern erarbeitet wird. Ist ein Prozeß abgeschlossen, wird die Leistung an den nachfolgenden Prozeß – gleichsam als Kunde im Unternehmen – weitergeleitet (siehe *Abbildung 58*). Ziel aller Aktivitäten ist es, nicht wertschöpfende Arbeiten auf ein Minimum zu reduzieren. Die verfolgten Ziele sind z.B. keine Fehler, keinen Ausschuß, keine Nacharbeit.

Prozeßmanagement ausgerichtet auf Kundenzufriedenheit anstatt des funktionalen europäischen Modells schafft die grundlegenden Vorteile.

Daneben haben Informationen für jeden und die zentrale Rolle des Menschen eine große Bedeutung.

Die spezifische Prozeßorganisation ermöglicht also schnelle Veränderungen und Erfolge. Das Besondere an diesem Ansatz liegt darin, daß Zeit-, Kosten- und Qualitätsvorteile erlangt werden. Daher ist Prozeßmanagement besonders effizient. Das Vorgehen muß auf Schlüsselprozesse wie Produktentwicklung, Produktion, Auftragsabwicklung, Lieferantenbeziehung usw. angewandt werden.

Für die Produktentwicklung bedeutet Prozeßorganisation: Der Projektleiter hat die Verantwortung für das Produkt beginnend vom Einkauf der Ausgangsstoffe über die Fertigstellung bis zum Versand des Produkts und dessen Service.

Aufbauend auf diesen Tatsachen entwickelte R. Berger das sogenannte „Time-Cost-Quality-Leadership"-Konzept, damit europäische Unternehmen ihre Wettbewerbsfähigkeit entscheidend stei-

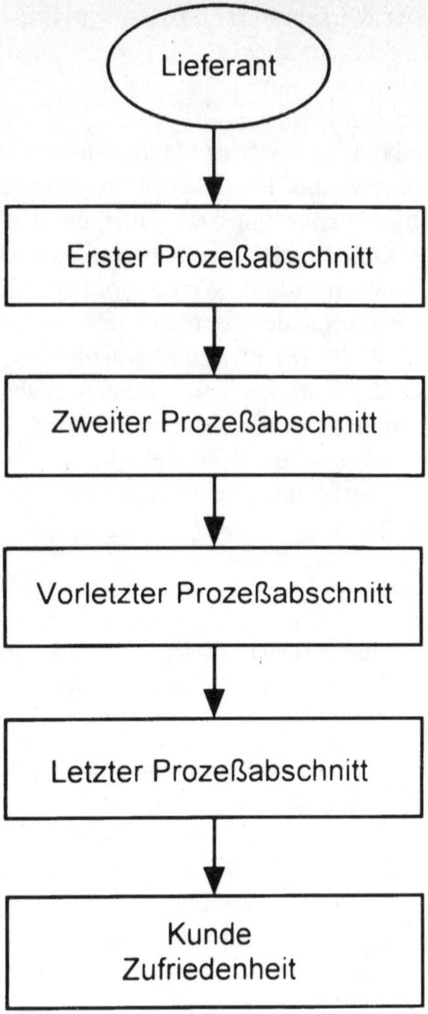

Abb. 58: Prozeßorientierte Arbeiten zur Kundenzufriedenheit

gern können. Das Verfahren beschäftigt sich nicht nur mit einer Teiloptimierung eines einzigen Erfolgsfaktors, sondern mit den für den Kundennutzen wichtigen Größen Qualität (z.B. Produkt- und Service-Eigenschaften), Kosten (z.B. Stückkosten) und Zeit (z.B. Liefer- und Innovationszeit). Mehr zu diesem Thema finden Sie im Kapitel ,,Chancen, die Grundlage für den Erfolg" ab Seite 87.

Das ,,Time-Cost-Quality-Leadership" ist ein ganzheitliches Konzept, das japanische Erfolgsfaktoren unter dem Gesichtspunkt europäischer Kultur und Wirtschaft verwirklicht. Dazu werden die Schlüsselprozesse eines Unternehmens definiert. Diese werden zunächst durch interdisziplinäre Teams in Einzelprozesse zerlegt und dann anhand von Zeit-, Kosten- und Qualitätszielen unter Anwendung von Wettbewerbsvergleichen optimiert.

Hier die drei wichtigen Elemente zur Gewinnung von Vorteilen aus dem ,,Time-Cost-Quality-Leadership"-Konzept.

Faktoren, die zu Zeit-, Kosten- und Qualitätsvorteilen führen

1. Optimierung von Schlüsselprozessen,
2. Einsatz von Promotoren aus dem Mittelmanagement,
3. schnelle Umsetzung durch Rückkopplung.

Wenden wir uns dem Punkt 1, der Optimierung eines Schlüsselprozesses zu. Was ist hierbei zu tun?

Die Optimierung eines Unternehmensprozesses erfolgt in fünf Stufen:

1. Definition der Schlüsselprozesse und Auswahl,
2. Bildung von interdisziplinären Arbeitsgruppen zur Optimierung des Prozesses,
3. Festlegung konkreter Ziele (Zeit, Kosten, Qualität) für den Prozeß entlang der Wertschöpfungskette,
4. Beginn von Pilotprojekten nach dem Grundsatz ,,Learning by doing",
5. Änderung der Organisation nach dem Lernprozeß.

Der zweite Faktor für den Erfolg der innovativen Prozeßorganisation besteht im Einsatz von kreativen Mitarbeitern aus dem mittleren Management, den sogenannten Promotoren.

Nach dem herkömmlichen Organisationsmodell war es die Aufgabe des mittleren Managements, die Entscheidungen des Top-Managements zu konkretisieren und die Durchführung von dessen Anweisungen zu überwachen. Die Folge waren viele Organisationsebenen, die keine kundenorientierte Wertschöpfung vornahmen.

Da im Rahmen des neuen Informationsmanagements die Firmenziele jedem Mitarbeiter bekannt sind, entfällt die Aufgabe der Informationsübermittlung zum größten Teil. Das mittlere Management stellt die operativen Teams zusammen, motiviert sie, fördert die Ausbildung und hat die notwendige Autorität, die zur Durchsetzung der Ergebnisse erforderlich ist.

Der dritte Grund für den Erfolg liegt in der ständigen Rückkopplung der Schlüsselfaktoren Zeit, Kosten und Qualität und der damit verbundenen Optimierung dieser drei zusammenhängenden Größen, dazu mehr im Kapitel „Qualität-Zeit-Kosten: das magische Dreieck“ ab Seite 125.

Im Rahmen der fünfstufigen Optimierung von Unternehmensprozessen kommt dem Einsatz von Pilotprojekten und dem Prinzip „Lernen durch Tun“ für den Erfolg große Bedeutung zu.

Die großen Erfolge der japanischen Autoindustrie liegen unter anderem darin begründet, daß sie für die Produktentwicklung nur etwa die Hälfte der Zeit im Vergleich zur europäischen Automobilindustrie benötigt. Die Testphase spielt dabei eine besonders große Rolle. In der Testphase werden in Japan mehr Prototypen gebaut und getestet als bei europäischen Unternehmen. Außerdem existieren überlappende Projektphasen. So werden Fehler in frühen Entwicklungsstadien erkannt und mit vergleichsweise geringen Kosten behoben.

Abbildung 59 verdeutlicht diese Vorgehensweise noch einmal graphisch.

Der Erfolg der Japaner besteht also in der Einführung von Pilotprojekten, die zu neuen Lernprozessen führen. Wie können Sie nun dieses Konzept in die Praxis umsetzen?

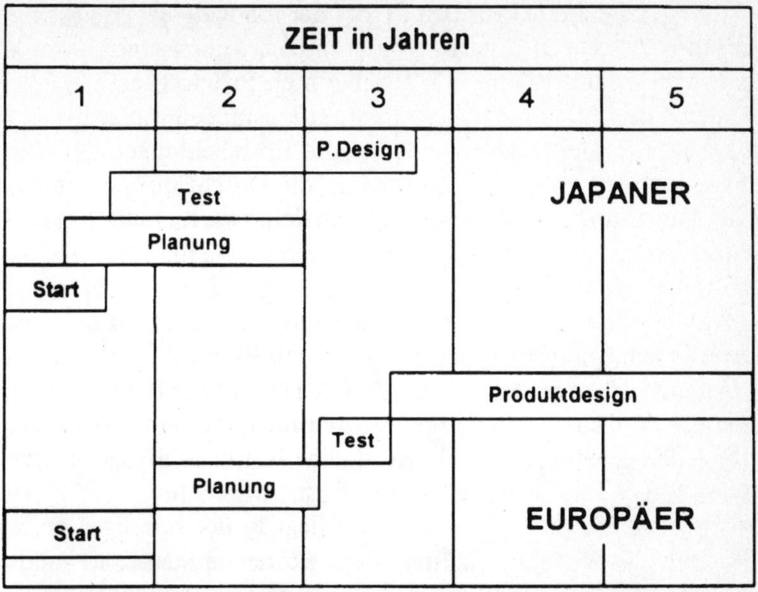

Abb. 59: Produktentwicklung bei einer japanischen und bei einer europäischen Autofabrik

Kunden und Lieferanten – der Prozeß der Zusammenarbeit

Häufig entstehen Probleme in der Produktion dadurch, daß der Einkauf aus Kostengründen nicht immer genau das gleiche Material einkauft. Das führt zu Schwierigkeiten in der Produktion, die in den einzelnen wechselseitigen Abhängigkeiten nicht bekannt sind.

Sind keine Spezifikationen – genaue Materialanforderungen – durch das Unternehmen vorgegeben, wird es in der Produktion oft Probleme geben. Deshalb sind prozeßorientierte Beziehungen zwischen Unternehmen und Lieferanten so wichtig. Um das erforderliche Ziel zu erreichen, ist folgendes erforderlich:

- ständige Weiterentwicklung der Kriterien, denen das Produkt oder die Dienstleistung zu genügen haben,
- Verbesserung der Lieferungen,
- erhöhte Information des Lieferanten,
- besseres Verständnis für die Anforderungen des Lieferanten.

Ein Unternehmen muß ganz allgemeine Kriterien entwickeln, mit deren Hilfe die relativen Stärken der Lieferanten bezüglich Preis, Qualität, Auslieferung, Zusammenarbeit usw. beurteilt werden.

Lieferanten und Unternehmen haben daran zu arbeiten, die Zusammenarbeit im Interesse des Erfolgs zu steigern. Deshalb arbeiten Hersteller und Lieferanten gemeinsam an der Entwicklung neuer Produkte und an der Kostensenkung.

So ist es zum Beispiel bei dem Unternehmen Honda Praxis, in dem einmal im Monat mit den Lieferanten folgende Themen besprochen werden:

- Neue Materialien,
- Verbesserte Produktionsmöglichkeiten,
- Verbesserte Qualitätssicherung,
- Aus- und Weiterbildung der Mitarbeiter.

Was werden Sie tun, das Verhalten zwischen Ihren Kunden und Ihnen prozeßorientierter zu gestalten? Was können Sie mit den Anregungen aus diesem Abschnitt und aus dem Kapitel ,,Auch die Lieferanten bergen Chancen" von Seite 129 verbessern?

Was läßt sich bei uns an Prozeßabläufen verbessern?

____

____

____

____

____

Ist in Ihrem Unternehmen der nächste Prozeß der Kunde?

Ich habe bereits darauf hingewiesen, daß nach Abschluß eines Prozesses die Leistung an den nachfolgenden Prozeß – gleichsam als Kunde im Unternehmen – weitergeleitet wird. Das bedingt eine reibungslose Kommunikation unter allen Mitarbeitern in allen Phasen der Arbeitsprozesse.

Oft gibt es besonders unter den Mitarbeitern der Produktion ein ausgeprägtes Rivalitätsdenken an den einzelnen Schnittstellen der Bereiche.

Mit dem Problem der destruktiven Abgrenzung der Bereiche voneinander wurde der Japaner Kaoru Ishikawa konfrontiert, als er als Berater für Nippon Steel arbeitete. Er wollte das Problem der Kratzer auf der Oberfläche der Bleche gemeinsam mit dem Team der Schnittstelle beider Bereiche klären. Beide Teams wehrten sich dagegen. Das veranlaßte Ishikawa zu dem legendären Ausspruch: „Der nächste Prozeß ist der Kunde."

Mitarbeiter dürfen sich nicht vom nachgelagerten Bereich abgrenzen, sondern auftauchende Probleme müssen gemeinsam mit den Mitarbeitern des nächsten Prozesses gelöst werden. Deshalb müssen sich alle Mitarbeiter dazu verpflichten, keine fehlerhaften Teile oder Dienstleistungen an den nächsten Prozeß zu liefern und in Zusammenarbeit mit anderen Mitarbeitern auftretende Probleme gemeinsam zu lösen.

Nur wenn die Qualität jedes Arbeitsprozesses gesichert ist, ist die Qualität des Endproduktes gewährleistet.

Das Chancenteam

Um möglichst alle kreativen Potentiale in Ihrem Unternehmen in die Innovationsphase einzubinden, gibt es zwei Möglichkeiten:

1. Ermuntern Sie Mitarbeiter aus allen Bereichen, selbst Vorschläge für Innovationen zu entwickeln. Das später noch näher beschriebene Chancenteam bewertet die einzelnen Vorschläge und dient als Koordinationszentrum für neue Ideen. Die Innovationskraft Ihrer Mitarbeiter wird dadurch gefördert, daß die Personalentwicklung mit der Entwicklung neuer Dienstleistungen und Produkte verknüpft ist.
2. Interdisziplinäre Teams – sogenannte crossfunctional teams – mit Mitarbeitern aus Forschung und Entwicklung, Marketing und Vertrieb und aus anderen Bereichen suchen in Sitzungen nach neuen Chancen für das Unternehmen. Diese werden durch ein Chancensuchteam bewertet.

Wenden wir uns nun der Zusammensetzung und den Aufgaben des Chancensuchteams zu.

Die Zusammensetzung des Chancenteams

Untersuchungen haben ergeben, daß es für Innovationsentscheidungen sehr förderlich ist, wenn sogenannte Promotoren einbezogen werden. Als besonders vorteilhaft hat sich ein Promotorenmodell aus einem Machtpromotor (z.B. einem Mitglied der obersten Geschäftsleitung) und einem Fachpromotor erwiesen. Wenn Innovationsprozesse ohne Mitwirkung von Promotoren stattfinden, dann kommt es häufig zu einer geringen Anzahl von Aktivitäten, und der Innovationsgrad ist sehr niedrig – mit anderen Worten, die Angelegenheit verläuft im Sande, weil sich niemand für zuständig hält.

Ein weiteres Mitglied des Teams ist der Chancensuchassistent. Auf dessen Tätigkeit wird noch etwas später eingegangen werden. Weitere Mitglieder sollten sein: der Leiter oder die Leiterin der Marketingabteilung, ein Mitglied der Finanzierungsabteilung für das Controlling, ein Mitglied der Abteilung Forschung und Entwicklung und ein Mitglied aus der Produktionsabteilung. Im Rahmen seiner Arbeit nimmt das Chancensuchteam nicht nur eine Bewertung der Chancenvorschläge vor. Es gibt Hilfe, kann interne oder externe Berater heranziehen. Wird eine Idee als verheißungsvoll angesehen, so läßt das Chancensuchteam Projektgruppen zur Chancenentwicklung einrichten. Sind die Arbeiten der Projektgruppe verheißungsvoll, dann wird ein Projektmanagementteam zur Realisierung der Innovation eingesetzt (siehe hierzu auch *Abbildung 60)*. Ist sich das Chancensuchteam in der Bewertung einer Idee nicht sicher, dann kann es weitere Untersuchungen in Auftrag geben. Die Aufträge erfolgen an Mitarbeiter oder an Außenstehende. Dem Team werden auch Finanzmittel zur Verfügung gestellt, die es für seine Aktivitäten benötigt.

Die Aufgabe des Teams besteht nicht darin, Ideen aus Kostengründen abzuwürgen, sondern neue Chancen für das Unternehmen zu erschließen. Liegt nicht zuviel Arbeit an, könnte die Sitzung des Chancensuchteams alle zwei Monate über einen Tag erfolgen. Ganz allgemein ist es vorteilhaft, wenn jede Führungskraft des Unternehmens jährlich einmal einen Chancenvorschlag dem Chancensuchteam zu unterbreiten hat. Als Hilfe dafür können auch Chancenvorschlagsformulare verwendet werden.

Wie das Ganze im einzelnen funktioniert, sehen Sie in *Abbildung 60*.

Der Chancenteamassistent

Dem Chancenteamassistenten kommt eine besondere Rolle im Team zu. Seine Tätigkeit ist vielfältig.

Seine Hauptaufgabe ist die des Organisators. Er steuert die Termine für die Versammlungen und ist die Verbindungsperson zu den Personen, die die Ideen vorschlagen. Er sorgt dafür, daß das Chan-

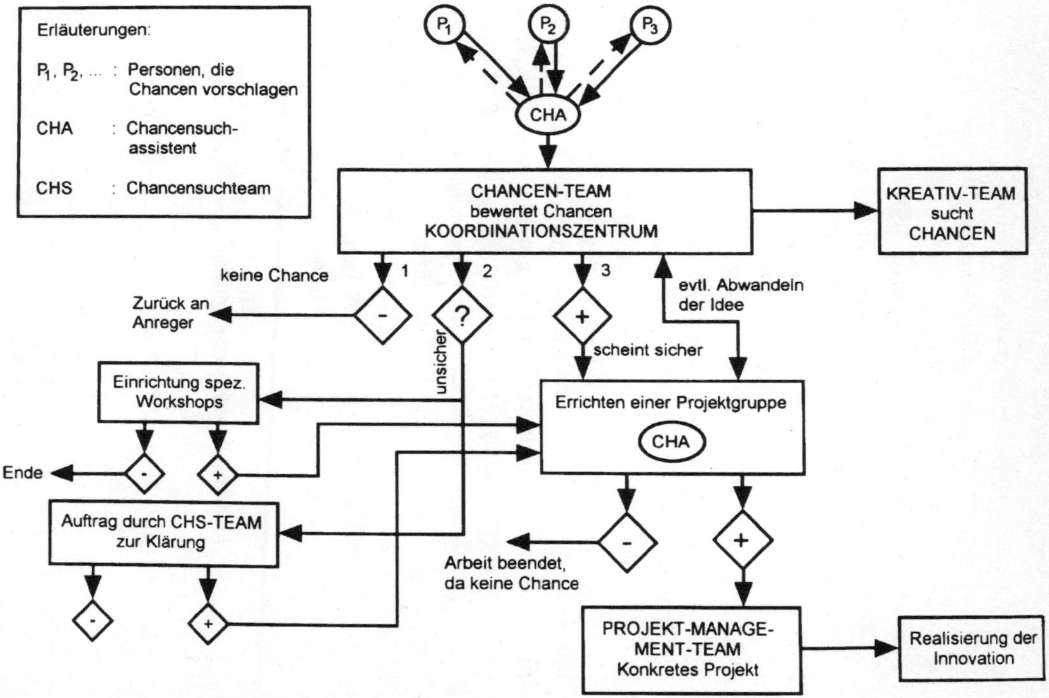

Abb. 60: Organisation der Innovationen

censuchteam eingegangene Berichte prüft und die Ergebnisse der Prüfung an die Führungskräfte zurückleitet. Er ist zuständig für alle Verwaltungsangelegenheiten. Er koordiniert die Chancenentwicklung durch die Projektgruppen.

Da herkömmliche Unternehmen eine große Anzahl von Hierarchien enthalten, ist die Wahrscheinlichkeit sehr groß, daß eine gute Idee auf einer Zwischenstufe abgewürgt wird. Jeder Mitarbeiter kann sich daher auch direkt an den Chancensuchassistenten mit einem Vorschlag wenden. Da der Chancenassistent die Idee direkt vor das Mitglied der Geschäftsleitung, das im Team ist, bringt, wird die Gefahr des Abwürgens der Idee vermieden.

Gibt es Schwierigkeiten bei der Entwicklung einer Chance, so leistet er Hilfe oder er zieht weitere Personen heran. Er sorgt dafür, daß das Chancensuchteam einwandfrei arbeiten kann. Wenn eine Chance positiv ist und entwickelt werden soll, organisiert er eine Projektgruppe und koordiniert sie. Der Chancensuchassistent spricht bei Konferenzen über die Bedeutung der Chancensuche und erstellt einen jährlichen Bericht über die Ergebnisse der Chancenentwicklung.

Der Chancensuchassistent muß eine positive Persönlichkeit sein, da er Chancen entwickeln und nicht abwürgen soll.

Die Bewertung der Chancen

Eine wichtige Aufgabe des Teams ist es, die eingehenden Vorschläge zu bewerten. Die Bewertung hat immer über den Nutzen zu erfolgen. Als Kriterium hierfür werden die bereits beschriebenen Mußkriterien eingesetzt, oder es werden die Kontrollfragen von Seite 155 zum Nutzen einer Innovation gestellt.

Das Chancenteam nimmt z.B. auch eine Bewertung der einzelnen Innovationsvorschläge nach Punkten vor, wie sie auf Seite 159 vorgestellt wurde. So lassen sich alle Vorschläge objektiv miteinander vergleichen.

Die Ergebnisse der Chancenbewertung können zu folgenden Resultaten führen:

1. Ablehnung: Die Idee bringt dem Unternehmen keinen Nutzen.
2. Ergänzende Aktivitäten sind erforderlich: Die Idee muß abgewandelt werden, oder es sind weitere Untersuchungen notwendig, für die Hilfe gegeben werden muß.
3. Verschiebung: Die Idee wird als gut angesehen, es muß aber gewartet werden, bis die Umstände besser sind.
4. Annahme der Idee, die Sache ist aber nicht sehr dringend.
5. Annahme der Idee, es liegt oberste Priorität vor.

Da von 100 Chancenvorschlägen vielleicht fünf weiterverfolgt werden können, sind 95 abzulehnen. Wie überzeugend und einfühlsam die Ablehnung erfolgt, bestimmt in Zukunft darüber, mit welchem Engagement Mitarbeiter weitere Vorschläge machen und inwiefern sie sich für Neuerungen engagieren.

Die Projektgruppe

Eine Projektgruppe wird gegründet, wenn eine Idee als verheißungsvoll angesehen wird. In dieser Gruppe arbeitet der Entwickler der Idee mit Personen aus Forschung und Entwicklung und aus dem Marketing zusammen. Ebenfalls ist in der Gruppe die Person, die das Innovationscontrolling ausübt (siehe dazu ab Seite 220). Der Chancenassistent ist ebenfalls Mitglied der Projektgruppe. Auch sollte der Abteilungsleiter bzw. die Abteilungsleiterin Mitglied der Projektgruppe sein, damit es nicht zu Schwierigkeiten kommt, weil ein Entscheidungsträger fehlt.

Wird die Chance als sehr groß angesehen, dann wird sich die Mehrzahl der Projektmitglieder mit der Arbeit daran beschäftigen. Will die Gruppe die Ziele verändern, so hat das in Abstimmung mit dem Chancensuchteam zu geschehen. Die Projektgruppe hat die Chance, eine Idee bis zu dem Stadium weiterzuentwickeln, an dem sich ein lohnenswertes Projekt ergibt.

Am Schluß berichtet die Projektgruppe dem Team. Die Projektgruppe empfiehlt, die Arbeit als konkretes Objekt weiterzuführen oder einzustellen. Die Gründe dafür sind sinnvollerweise schriftlich niederzulegen. Wird die Arbeit als konkretes Projekt weitergeführt, nimmt dies ein Projektmanagementteam vor. Im Projektteam sind natürlich auch Mitglieder der Projektgruppe, die unter Umständen den Start für die Entwicklung eines neuen Unternehmensbereiches vornehmen.

Wie erreichen Sie die Optimierung von Resultaten durch Teamarbeit?

Zur Optimierung der angestrebten Resultate ist wie folgt vorzugehen:

1. Nehmen Sie die Mitarbeiter in das Team, die die notwendigen Zusammenhänge kennen und auch dafür Verantwortung tragen. Auch Mitarbeiter des Chancenteams kommen dafür in Frage.
2. Das Team nimmt eine Zeitplanung vor. Hierzu sind folgende Fragen zu klären:

   - Bis wann ist die Planung frühestens zu verwirklichen? Hierbei wird vom Idealzustand ausgegangen, daß keine Schwierigkeiten auftreten. Die dafür angesetzte Zeit wird natürlich nie ganz zu erreichen sein (Termin 1).
   - Was ist der bestmögliche Termin unter Berücksichtigung von Zeitverzögerungen (Termin 2)? Auch Termin 2 kann noch durch größere Störfaktoren gefährdet sein.
   - Was ist der sichere Termin (Termin 3)? Hierbei wird von einer noch negativeren Situation als bei Termin 2 ausgegangen. Hierbei werden schon größte Schwierigkeiten und der Fall unterstellt, daß noch ein größerer Zeitaufwand erforderlich wird.

   Die Terminplanung ist in *Abbildung 61* auf Seite 216 dargestellt. Für eine sinnvolle Zeitplanung muß mit allen drei Terminen gearbeitet werden. Es wäre falsch, den Termin gleich auf Termin 2 zu planen, weil dies unterstellt, daß auch hier keine weiteren Schwierigkeiten als die angenommenen eintreten. Zusätzliche Schwierigkeiten werden zu spät erkannt. Auch auf Termin 3 hinzuarbeiten, würde ebenso dazu führen, sich Zeitverschiebungen zu spät bewußt zu werden.

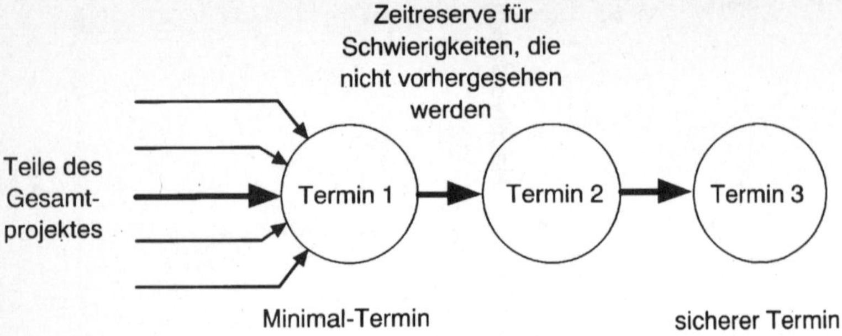

Abb. 61

Die Zeitplanung mit den Terminen 1, 2 und 3 soll also helfen zu erkennen, ob Sie noch Zeitreserven haben oder diese nicht mehr existieren. So ist die Planung zeitlich besser zu steuern und sind Zeitverluste zu vermeiden.

3. Das Team setzt sich das Ziel, eine Optimierung des ganzen Vernetzungsprozesses vorzunehmen. Hierbei werden alle Dinge bedacht, die auf das Ziel Einfluß haben.
   Hierbei wird nach *Abbildung 62* vorgegangen. Ausgehend von der Vision der Geschäftsleitung werden Ideen entwickelt, die zu einem Idealbild des Ziels führen. Ein solches Ziel kann zum Beispiel die Verkürzung der Entwicklungsarbeit sein. Erste Ideen werden hierbei mit den Kreativitätstechniken ab Seite 173 entwickelt, die über ein Idealbild zu ersten Vorentwürfen (Varianten) führen. Danach erfolgt eine Eingrenzung der Varianten, durch die schon erwähnten Bewertungsmethoden, die zu einem Hauptvorschlag und ein oder zwei Alternativen führen.
   Das Team verwendet die meiste Zeit für die Ausarbeitung der Hauptvariante und nur etwa 20 – 30 Prozent für die Nebenvarianten.
4. Das Team bemüht sich, eine Überkonzeption des Resultats (Produkt oder Dienstleistung) zu vermeiden, und beschränkt sich auf das absolut Erforderliche.
   Heute besteht das Problem schon lange nicht mehr darin, ein kompliziertes System zu schaffen, sondern sich im Gegenteil auf

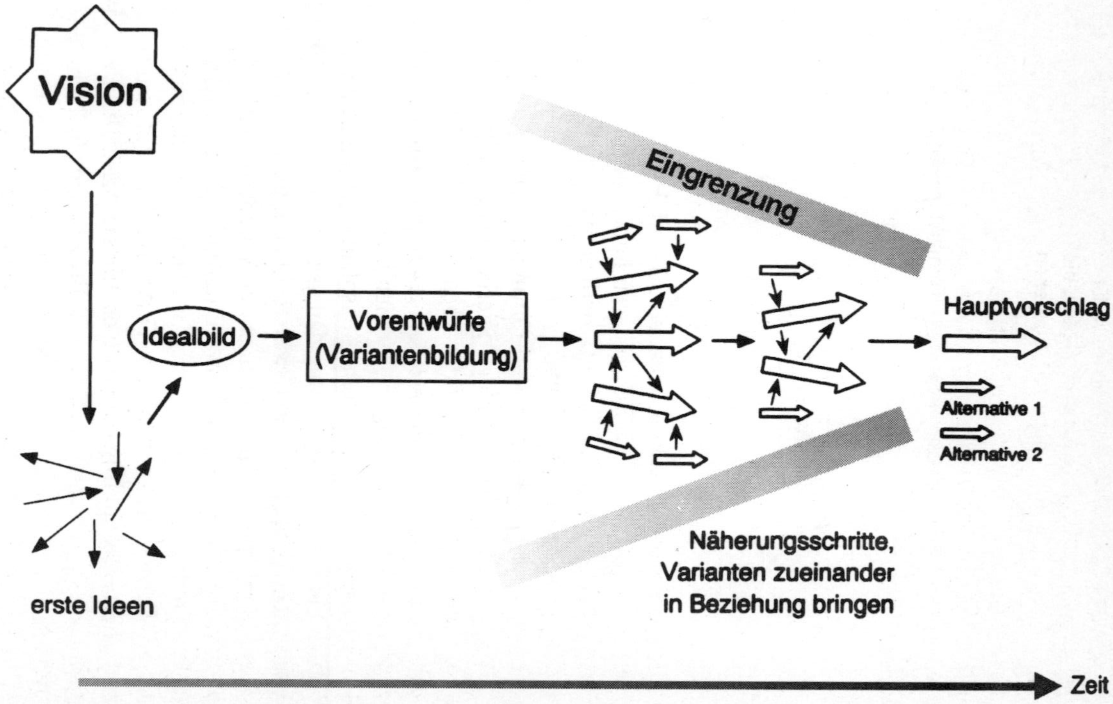

Abb. 62: Prozeßfolgen, von der Vision zum Resultat

das Notwendige zu beschränken. Das bedeutet, die Kosten und den Aufwand zu minimieren. Aus *Abbildung 63* ist an einem Beispiel eines maschinentechnischen Produkts zu ersehen, daß allein schon eine größere Kupplung zu erhöhtem technischen Aufwand bei mehreren anderen Maschinenteilen führt. Deshalb ist es so wichtig, das System zu vereinfachen und gleichzeitig vernetzt zu denken.

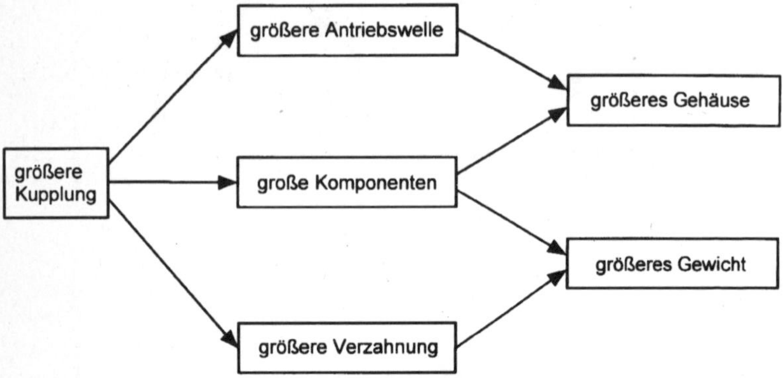

Abb. 63: Nachteile Synergiewirkungen bei Überkonzeption

5. Nehmen Sie nun eine Schätzung der Kosten vor, und bemühen Sie sich, schon während der Phase der Konzeption noch vor der Realisierung die Kosten zu senken (siehe auch *Abbildung 64*). Da während der Phase der Konzeption noch nicht das gesamte Detail erfaßbar ist, steigen die Kosten, wenn die Weiterentwicklung des Projektes fortschreitet. Daher hat sich das Team um ständige Kostensenkung bereits in der Konzeptionsphase zu bemühen.
6. Nach der Planungsphase erfolgt die Realisierungsphase. Häufig wird zwischen Planung und Durchführung nicht klar getrennt. So wird sehr oft vergessen, daß vor der Ausführung ein klares Konzept vorliegt, was sich natürlich auf die Kosten auswirkt. Außerdem ist es notwendig, sich der eigenen Erwartungen und des weiteren Vorgehens bewußt zu werden.

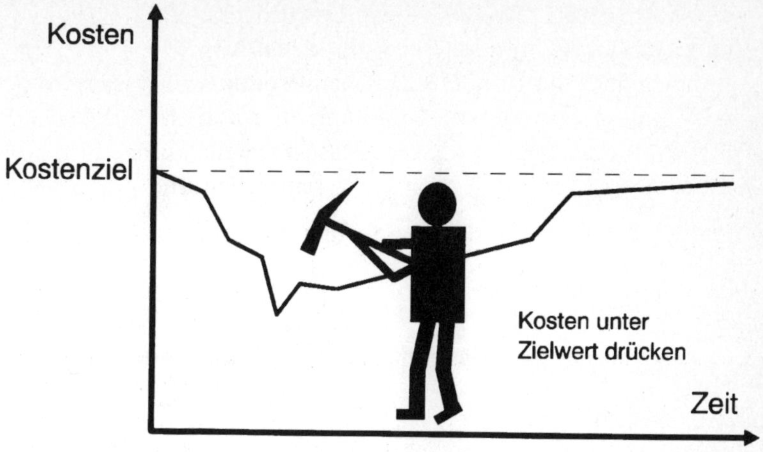

Abb. 64: Kostensenkung in der Konzeptionsphase

Innovation ist gut – Innovationscontrolling ist besser

Um die Kosten von Innovationen besser in Griff zu bekommen, ist es erforderlich, daß die Finanz- und Kostenrechnung den Verlauf der Innovation kritisch überwacht.

1. Voraussetzung für erfolgreiche Innovationen ist ein modernes Controlling.
2. Innovationscontrolling begleitet die Innovationen während der Planung und Durchführung durch das Rechnungswesen und die Finanzabteilung.
   Dieser Prozeß wird auch als Innovationsauditing bezeichnet.

Trotz dieser Notwendigkeit mangelt es aber in den meisten Mittel- und Kleinbetrieben an der Unterstützung der Innovation durch das Finanz- und Rechnungswesen.

Das häufige Gegeneinander von Innovationsteam und Controlling hat seine Ursache in der auf die Vergangenheit bezogenen Mentalität eines Rechnungswesens, dem es oft schwerfällt, sich auf das nach vorn ausgerichtete Denken des Innovationsteams einzustellen. Das Innovationscontrolling muß sich also auf die Zukunft beziehen und darf nicht nur eine Betrachtung der Vergangenheit sein. Außerdem muß es sich auf die Engpässe bzw. kritischen Werte des Unternehmens beziehen. Neue Möglichkeiten müssen schließlich von vornherein auf ihre Wirtschaftlichkeit überprüft werden, wenn sie keine „Luftschlösser“ bleiben sollen.

Das moderne Innovationscontrolling nimmt also auf die Zukunft orientierte Kalkulationen und Überschlagsrechnungen unter noch nicht genau erfaßbaren Informationsbedingungen vor. Es handelt sich in diesem Fall natürlich nicht mehr um präzise Zahlenangaben, sondern um Schätzungen.

Wenn der Controller die von ihm geschätzten Zukunftsdaten mit den tatsächlich eingetretenen Kosten vergleicht, werden seine Schätzungen immer besser werden, die Quote der Fehlschätzungen nimmt ab.

Der Innovationscontroller begleitet die Innovation durch folgende Phasen

1. Chancenbewertung durch das Chancenteam,
2. Chancenentwicklung in der Projektgruppe,
3. Innovationsrealisierung durch das Projektteam,
4. Gewinn-Kosten-Ermittlung während des Lebenszyklus der Innovation,
5. Ausmusterung der Innovation.

Halten wir fest: Das zukunftsorientierte Controlling ist Voraussetzung für den Erfolg einer Innovation. Deshalb muß das Innovationscontrolling in alle Innovationsaktivitäten eingebunden werden.

Literatur

Brauchlin, Emil: Problemlösungs- und Entscheidungsmethodik, *Verlag Paul Haupt,* Bern und Stuttgart, 3. Auflage 1990

Gerken, Gerd: Abschied vom Marketing, *Econ Verlag,* Düsseldorf, Wien 1992

Kepner, Charles H. u. Tregoe, Benjamin, B.: Entscheidungen vorbereiten und richtig treffen, *verlag moderne industrie,* Landsberg, 4. Auflage 1988

Magyar, Kasimir K. u. Prange, Peter: Zukunft im Kopf, *Rudolf Haufe-Verlag,* Freiburg im Breisgau 1993

Nagel, Kurt u. Rasner, Carsten: Herausforderung Kunde, *verlag moderne industrie,* Landsberg 1993

Peters, Thomas J. u. Watermann, Robert H.: Auf der Suche nach Spitzenleistungen, *mvg-verlag,* München 1993

Porter, Michael E.: Wettbewerbsstrategie, *Campus Verlag,* Frankfurt am Main, 7. Auflage 1992

Porter, M.E. und Millar, V.E.: How information gives you competive advantage, in *Havard Business Review* – 63 (1985) July-Aug., S. 149 – 160

Probst, Gilbert J.B. u. Gomez, Peter: Vernetztes Denken, *Gabler Verlag,* Wiesbaden 1993

Pümpin, Cuno: Das Dynamik Prinzip, *Econ Verlag,* Düsseldorf, Wien, 2. Auflage 1990

Ryborz, Heinz:
Mitarbeiter motivieren – aber richtig, *Oesch Verlag,* Zürich 1992
Jeder kann es schaffen, *Oesch Verlag,* Zürich, 3. Auflage 1988
Die Kunst zu überzeugen, *Goldmann Verlag,* München, 8. Auflage 1992

Herausforderung Angst, *mvg-verlag,* München 1994

Rüttler, Martin: Information als strategischer Erfolgsfaktor, *Erich Schmidt Verlag,* Berlin 1991

Siegwart, Hans: Produktentwicklung in der industriellen Unternehmung, *Haupt Verlag,* Bern, Stuttgart 1974

Staerkle, Robert und Jaeger, Felix in: Dengelmann, A. (Herausgeber): Organisationsleiterhandbuch, München 1968

Leserdienst

Ich weiß aus Erfahrung, daß viele Leser meiner Bücher daran interessiert sind, Methoden und Techniken zu lernen, um privat und beruflich erfolgreicher zu werden.

Was dafür notwendig ist, vermitteln Ihnen Wochenendseminare, die in Gummersbach durchgeführt werden.

Beim Intensivtraining (Persönlichkeits- und Erfolgstraining) lernen Sie, die Kraft Ihres Unterbewußtseins zu nutzen und bewährte Techniken zum Erreichen Ihrer Ziele anzuwenden. Das Intensiv-Training ist einzigartig und hat seit vielen Jahren internationale Anerkennung gefunden.

Die Wochenendseminare sind schon von vielen Menschen besucht worden. Übrigens werden auch Seminare zur Kommunikation und anderen Themen durchgeführt. (Seminare finden auch in der Schweiz statt.)

Die positive Atmosphäre in der Seminarrunde ist für die Teilnehmer ein besonderes Erlebnis.

Die Erfolge der Seminarteilnehmer sprechen für den großen langfristigen Nutzen eines Intensiv-Trainings. Es hilft auch Ihnen, Ihre Wünsche zu verwirklichen.

Informationen über die verschiedenen Seminare senden wir Ihnen gerne kostenlos und unverbindlich. Bitte schreiben Sie an folgende Anschrift:

Firmeninterne Seminare, Trainings, Beratungen

Die Dynamik des Marktes und die Internationalisierung des Wettbewerbs erfordern für jedes Unternehmen eine Konzentration seiner Kräfte.

Da die Menschen die wertvollsten Ressourcen Ihres Unternehmens sind, erhöhen Investitionen in Ihre Mitarbeiter in Form von firmeninternen Seminaren und Trainings den Erfolg Ihres Bereiches und garantieren die Zukunft Ihres Unternehmens.

Der ganz besondere Vorteil solcher Seminare und Trainings ist, daß sie sich an Ihrer firmenspezifischen Situation und Ihren Produkten bzw. Dienstleistungen orientieren.

Sie haben die Möglichkeit, Seminare aus folgenden Bereichen auszuwählen:

Management:

- Mitarbeiterführung und Motivation,
- Teamarbeit und Coaching,
- Zeit-Management,
- Persönlichkeitstraining für Führungskräfte,
- Kreativitätstechniken.

Verkauf:

- Erfolgreiche Verkaufsgespräche,
- Verkauf am Telefon,
- Preisgespräche und Abschlußtechniken,
- Effizienzsteigerungen im Verkauf,
- Professionelle Kundenbeziehungen.

Kommunikation:

- Dialektik, Rhetorik,
- Mitarbeitergespräche,
- Moderationstechniken,
- Konferenztechnik.